人類覚醒のタイムリミット

「昼の時代」への過渡期を生きぬく選択

天河りえ
Amekawa Rie

ナチュラルスピリット

はじめに

2020年という年は、私たち人類にとって後世の歴史に色濃く刻まれる忘れがたい年となったことでしょう。

「新型コロナウイルス」によるパンデミック、集中豪雨による被害、著名人の自死、人種差別を理由にした暴動……。

ここ数年を振り返っても、異常な気候変動や大型台風、地震、津波、噴火など、世界各地で尋常ではないほどの自然災害が頻繁に起こっています。

さらにアメリカ大統領選に見る、大規模な組織的不正選挙。それは不正選挙というよりも、背景には自由と民主主義の「国家」というものを廃し、一部の支配者層にとって、世界を自分たちの都合が良い、さらなる強固な支配構造、世界共産主義、ニューワールドオーダーといわれる構造に移行させようとする、大規模な国家転覆のクーデターでもあったという様《さま》を呈しているものでした。

２０２１年に入っても各国首脳の一斉辞任、ミャンマーのクーデター、アメリカのシリアへの空爆開始と、誰もが疑う余地もないほど、世界は混乱と同時に、今、大きな転換期を迎えています。この転換期というのは、これまでの歴史上にあった１００年、１０００年という規模での変化ではありません。有史以来続いてきた文明そのものが終焉し、まったく新たな文明が萌芽していくという、とてつもない大転換期です。

それは世界のみならず、私たちの地球、そして宇宙そのもののプログラム自体が、大きくシフトしたことによる大転換時代を迎えているということなのです。

今回この本の中では、宇宙規模でのシフトが起こっている、衝撃の理由を明らかにしていきます。

私は、フューチャリストとして、これまでの現代文明の特徴と、新たに始まる文明の特徴、そして今後１８０度変わる価値観としあわせになる生き方をさまざまな角度から提唱してきました。そのベースにあるのは、生涯にわたり膨大な研究を遺した、亡きマスターの理論です。

それを継承し、研究と視点をさらに深め、探求し続けて今に至ります。

その理論を**「宇宙人生理論」**と新たに名付けていますが、大宇宙や地球の構造、神や次元の構造、人類の歴史的な背景、人間の構造、心理、脳科学、精神世界、魂の目的、運命プログラム、フリーエネルギー、量子医学、金融、ウイルス、微生物ほか、さまざまな事柄に至るまで、この世の〝すべて〟と〝全部〟を網羅しているものといえます。

マスターの伝言に従い、この理論の研究を私なりに深め、わかりやすく、少しでも多くの人々に理解していただくことで、「激動の時代」といわれる大転換期の光明となれば、との祈りにも似た想いからお伝えしています。

宇宙規模での大転換期を迎えた今、多角的な視点から、終わりゆく文明と新たな文明は、どのようにシフトしていくのか、文明と文明の狭間の過渡期を、人々がどうすれば時代の波に翻弄されず、上手く乗りこなしていけるのか。さらには、この時代を選んで生まれた魂の目的と意図を理解し、新たな文明へと難なくシフトするのに必要な叡智を、一つひとつお伝えしていこうと思います。

皆さまがこの本を通して、激動の過渡期の時代を、賢く生きぬく力を身につけて、新たな文明を迎えることができますように。

「この文明は、所詮、慾に支配された魂と、それに従うだけの、幼い魂たちが造り上げた文明なのだ。
それに気づき大人の魂へと成長すれば、おのずと終わっていく」

――ホーディール

※ホーディールは著者の次回作ノベルの登場人物

人類覚醒のタイムリミット　「昼の時代」への過渡期を生きぬく選択　目次

第1章

終わりゆく現代文明

第2章
魂が目覚める昼の時代の文明へ

第3章

新たな文明を迎える準備

第4章

VUCA時代の今と、新しい時代の賢い生き方

第1章

終わりゆく現代文明

人類覚醒のタイムリミット

栄枯衰退――。

どんなに地球上で栄えた帝国であっても、この言葉の法則から逃れられることはできません。今の現代文明においても、例外ではないでしょう。

これまでに地球上では数多《あまた》の文明が興っては滅び去りましたが、現代人が、その失われた文明の歴史から学び、その轍を踏まないような知性を培い、人々の心が高度に進化して栄えた文明が「今」なのか？　と問われたら、それは「ＮＯ」と言わざるを得えません。

確かに物質は豊かになり、暮らしは便利になりました。しかし、数千年前から争いを繰り返す人々の感情も欲望も、喜怒哀楽も行為行動も、何一つ変わっていないといえます。

であるならば、現代文明そのものが、未来永劫に続く盤石なものだとは言いがたいといえます。それでも人々は、この文明は進化の上に成り立っているという発想ならば、それはまさに「驕《おご》れる人も久しからず、唯《ただ》春の夜の夢の如し」。私たちは、現代文明は永遠だという夢を魂が見ているだけで、実際は寝ているだけの状態であったのかもしれません。
人類の魂は、数千年の長い眠りから覚醒しなければいけない、タイムリミットを迎えようとしています。

私は長いこと、これまでの文明は終息を迎え、人々の価値観も認識も働き方も経済の仕組みも、しあわせになる生き方も、180度まったく変わってしまう新しい文明が到来するということをお伝えしてきました。

しかし、新たに訪れる文明は、人類の目覚めなくして勝手に訪れるというものではなく、「盲目だった魂が目覚め、進化する人々が地球上に増えた、そのパーセンテージによる」という条件がある、ということも知っていました。

条件に満たなければ、地球は現代文明の大転換において、地球自体と人類もろとも傷つけてダメージがある過酷なハードランディングというかたちで帰着せざるを得ません。逆に、条件を満たす人々が多ければ、穏やかな推移のソフトランディングで、新たな文明へのシフトがもたらされていくのです。

現在、この文明は「末期」という状況が続いています。ひどく歪んだ社会構造の中を生きる人々の思いや想念に、明るい希望を抱く人は少なくなっています。地球環境を見ても、森林伐採や地下資源の搾取、大気汚染などにより、本来の自然な状態ではなくなっています。かつ人々の負の想念を浄化するかのように、水、風、火、土、熱、寒など、自然界のあらゆるエレメントによる浄化作用ともいえる異常気象が、年を追うごとに増えています。

支配する者たちの、欲望とエゴによる搾取の構造をもつ現代文明の終焉は、宇宙のスケジュール的には、昨今10年くらいの間にいつ起こってもおかしくはない状況であった、と予測されていました。

それにもかかわらず、なぜ、それがいまだ起こらず持ちこたえているのでしょうか？　それは、意識を持つ地球そのものが、覚醒する人類が増えるのを我慢強く待っていたからでしょう。地球も、生命体です。地球自身、自らを傷つけ、人々を淘汰するようなハードランディングは、できる限り避けたいのです。

しかし、地球の意思とは裏腹に、多くの人々は過去の滅びた文明と変わらない同じ意識で、目先のことと欲望を基準に生き、良心や魂の声に従って生きることや、今という類まれな大転換時代に生まれた魂の意図に気づこうとはしない生き方を選択しています。それは残念ながら、経済宗教というシステムの中で、この文明の支配者に都合よく洗脳されたまま長きにわたり生きているため、そうならざるを得なかったともいえるのです。

ただ、私たちは今、現代文明が終焉する間際の人類覚醒のタイムリミットが迫る時を生きているのです。

夜の時代の文明の終わりを知らせるファンファーレが鳴り響いた

２０２０年、中国・武漢から広がったコロナウイルスによるパンデミックが起きました。この世界的な厄災という事象を通じ、世界中の人々の認識や選択、働き方、生き方そのものが、ここにきて強制的に変わっています。

そして、２０２０年の極めつけは、ドナルド・トランプ氏とジョー・バイデン氏による、アメリカ大統領選を通じて世界中で明らかになった、「ディープステート」と呼ばれる陰の支配者組の腐敗した策略とその存在です。これまでの世界を形作っていた、闇の構造の深さに多くの人々が気づいたことでしょう。

ここにきて、これまでの時代の支配構造と支配者たちに盲目的に「信じて従う」生き方から、人類は否が応でも気づき、いよいよ次なる文明へと移行できる条件を得られる最終段階だとして、地球が最後の促しを仕掛けたように思えます。

それは、まさにこれまでの「**夜の時代の文明**」の終わりを告げるファンファーレが鳴り響いたような状況で、その先にまったく新しい「**昼の時代の文明**」が始まることを示唆しています。夜の時代と昼の時代については、後ほど詳しくお伝えします。

このファンファーレにより**目覚める人々・目覚めない人々**、と人類は大きく二極化していくことでしょう。

そして、私たちはこれからもっと多くの驚くべき事象を経験する中で、さらなる魂レベルの気づきと目覚めを促され、生き方を見直す選択をしていかなければならないのです。

これまでの生き方を徹底的に見直す時

まだ今は、ファンファーレが鳴り始めたという段階です。言い換えるなら、これまでの時代の勢力と新たな時代の勢力が激しくぶつかり合う「過渡期」であり、時代の「移行期」でもあるため、「激動の時代」といわれる真っただ中にいます。

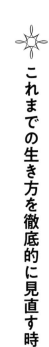

そのため、世界は混乱状態。その世界の特徴的な状況を表す言葉として、「ＶＵＣＡ（ブーカ）の時代」という表現が、最もふさわしいでしょう。

Volatility（変動性）
Uncertainty（不確実性）
Complexity（複雑性）
Ambiguity（曖昧性）

これはビジネス用語として使われている言葉で、４つのキーワードの頭文字から取られています。この言葉は、「将来が簡単には予測できない」という時代を指す造語です。いわば、まったく価値観が異なる文明へとシフトしていく、過渡期の状態であることを示唆しているともいえるのです。

このＶＵＣＡの時代は、比喩的に言うならば、「一歩外は大嵐の状態」ということ。嵐の時は、安易に外に出てウロウロしていたら吹き飛ばされたり、突風で飛んできたものに当たってケガをしてしまいます。こういう時は、焦るのではなく、できるだけ家にいて、ものごとや状況を見極め分析できる視点を培い、かつ自分の内を見つめ、さまざまなものに翻弄されない軸とエネルギーを保っておくことです。

また、これまでの生き方を徹底的に見つめ直す時でもあるといえるでしょう。そして嵐がおさまった後に、一気に自分の向かいたい方向性に進めるよう、準備を進めておくことが良いのです。

コロナのご時世においては、そのことをむしろ後押ししているかのようです。

私たちに今、大切なのは、これまでの文明の価値観・認識・思い考えの檻から脱出し、新たな文明に適合できるよう準備を整えることです。それなくしては、文明の移行という波に乗ることができにくいからです。

情報弱者という無知では生きられない

文明の「過渡期」を迎えた現在、まだまだ見えない高次の領域においても、目に見える人類社会においても、至るところで、これまでの時代を支配してきた人々のエネルギーと、新たな時代を創り上げようとするエネルギーの攻防合戦が繰り広げられています。情報ひとつ取ってみても、メディア操作やフェイクニュースが錯綜していて、人類の進化を「アセンション（上昇）」へ促すものもあれば、反対に「ディセンション（下降）」へ向かわせるものもあります。

どの情報を選ぶのか。

じつは、私たちの選択次第で、宇宙が意図している新たな文明の計画どおりに、すべてが良き時代へ進むこともできれば、選択権を奪われ、一部の権力者や支配者組が多くの人類をさらに家畜のようにしてしまう可能性も秘めているのです。

「ユートピア」とも表現できる新たな時代へ行くためには、私たち人類の〝覚悟〟にかかっています。この覚悟とは、〝覚醒〟ともいえるでしょう。

学校で教えられたことだけを信じていたり、テレビやメディアの情報を鵜呑みにしているだけでは、人々は都合よくコントロールされた情報にしか触れていません。それでは「無知」といわざるを得ず、すでに無知では生きられない時代を迎えています。

つまり、人々が支配者により、都合よく塗り替えられた歴史ではない、本当の歴史の真実に目覚め、指示命令にただ信じて従うのではなく、一人ひとりが多角的な視野を持ち、自ら考え、判断し、創造し、行動できる、自立した人々が共生していく、新たな文明へと進化することを選択することができるのか。

それが、この過渡期を無難に乗り越えていく鍵となるでしょう。

本当の目覚めとは何か

今を生きる私たちは、まったく方向性と色合いの違う文明と文明の、過渡期の真っただ中に生きることを選んで生まれた魂です。この過渡期の地球を選んで生まれた魂の目的を知り、目覚めて、その思いのもとに立つという意味の「自立」へと、どう進んでいけるのでしょうか。

本当の目覚めとは、宇宙から見たら、これまでの時代の地球は、魂の「牢獄星」だったことをまずは知ることです。そして何千年と地球上に敷かれた支配者のトリックに気づき、私たち一人ひとりが真実と事実を見極める視点を培うこと。

それには、メディアや世の情報に右往左往し振り回されるのではなく、自分の魂と繋がり、「今」にいて、地に足をつけ、常にこの時代を生きぬくための英知を宇宙からダウンロードできる状態でいることが大事です。それを得るための学びも必要となるでしょう。

これから地球人類は「多死社会」といわれるほど、新たな文明に適合できる人々と適合できない人々との入れ替わりの時期へと突入していきます。

新たな時代の地球の意思と同調し、地球に生かされ、より良く生きるためには、改めてどう人生と向き合っていくのかを、誰もが真剣に見つめ直さなければいけない時代になっていくのです。

混沌とした時代の謎を解く「宇宙人生理論」

なぜ、今、地球そのものの変動と世界的規模での大変化が起きているのでしょうか？

世界で起きている大規模な変化の嵐は、人間の意思や歴史的な繰り返しといったことではなく、じつはとてつもなく抽象度の高い視野の変化が要因となり促されているのです。

その要因を一言でいえば、

「宇宙のプログラムとサイクルのシフト」です。

この大転換していく宇宙の法則を、理論的に説明したものが、**「宇宙人生理論」**です。

先にも書きましたが、大宇宙の構造から次元の構造、人間の構造、この世の仕組みの表裏、神やウイルス、微生物に至る存在がどのような仕組みで人類に影響を及ぼしているのかという、この世の〝すべて〟と〝全部〟を見とおして多角的に研究し遺された、今は亡き宇宙物理研究家のマスターが構築した膨大な理論です。

他の宇宙論と異なる特徴的な視点は、**私たちの宇宙をも含めた、73兆個ある多重宇宙《マルチバース》の中心に位置する、広大な大宇宙を内包している「于由《うゆう》」という領域から見た大宇宙の法則をもとに、すべてが落とし込まれている**という点です。

本書に出てくる宇宙のスパンは、7京年という果てしないプログラムのシフトや、地球1万年の法則、また2500年のサイクルで切り替わる昼と夜の時代の法則です。
一見、荒唐無稽とも、遠大とも思えるのですが、年月の法則として当てはめて、地球環境を読み解くと、現代文明の視点からでは解明できない、さまざまな分野の謎が解き明かされるヒントが多いことに気づかされます。

私が、宇宙人生理論をお伝えし始めたのは、2005年頃からです。

※宇宙人生理論に出会った経緯や宇宙人生理論の詳細については、著書『地球大転換時代の生き方とNE運命解析学』（文芸社）をご参照ください。

伝え始めた当初は、そんな話は信じられないという反応がまだまだ大半でしたが、ここ数年は深く理解してくださる方が急増しています。そのような方の多くは、

「人生に、生きにくさを感じ始めている」
「未来や将来に希望を見いだせない」
「本当に自分の人生はこれでよいのだろうか」
「自分の生まれた目的とは何なのだろうか」
「もっと自分らしく楽に生きられないのだろうか」
「このまま世の中に抑圧されるような生き方でよいのだろうか」
「社会に適合しようと努力することが苦しい」
「自分の症状はウツだと診断されてしまう」
「家族を含め、周りの人とうまくいかなくなってきた」

「世の中の情報を信じることができない」

など、あらゆる場面で行き詰まりを感じたり、世の中のメディアや報道に違和感を抱いたり、人生の目的を模索しているように思います。

本書を読んでくださっているあなたも、その一人かもしれません。

宇宙人生理論に興味を持たれ反応される方は、本当の真実や真理を知りたいと願い、新たに廻る時代のシフトの波に乗っていく魂であるといえるでしょう。

ただし、それには私たち一人ひとりが、終わりゆく時代と新たな文明の価値観の違いや、宇宙法則を認識できる視点を持ち、自分の意思で選択していく必要があります。なぜなら、私たち一人ひとりの言動や意思、行動により、宇宙の変化に連動する新たな地球文明のシフトが、ソフトランディングになるのかハードランディングになるのか、に大きく関わるからです。

「宇宙人生理論」から見る宇宙の構造と原理

宇宙人生理論は、果てしない大宇宙の成り立ちや構造から、私たちの3次元宇宙の特徴といったマクロな視点と、見えないウイルスや細菌、微生物、素粒子というミクロな視点がすべて連動し、私たち人類にどう影響しているのかといったことまで紐解いています。

ここからは、最も重要であり宇宙人生理論の考え方の基礎となる、「宇宙のプログラムとサイクルがシフトしている」という原理と構造をお話しします。

宇宙人生理論における宇宙は、ただひとつの「ユニバース」ではなく、**多重構造の「マルチバース」**です。さらに、**宇宙は決して「1つではない」**とお伝えしています。

その中で、私たちが今存在している宇宙を、**「ワワ・ヨ宇宙」**と呼んでいます。ここでいう「ワワ」とは理論特有の言葉なのですが、**宇宙は膨大な「縦と横」（ワ・宇）（ワ・宙）から成る**という意味があります。

ワイ・正常だけが存在する宇宙

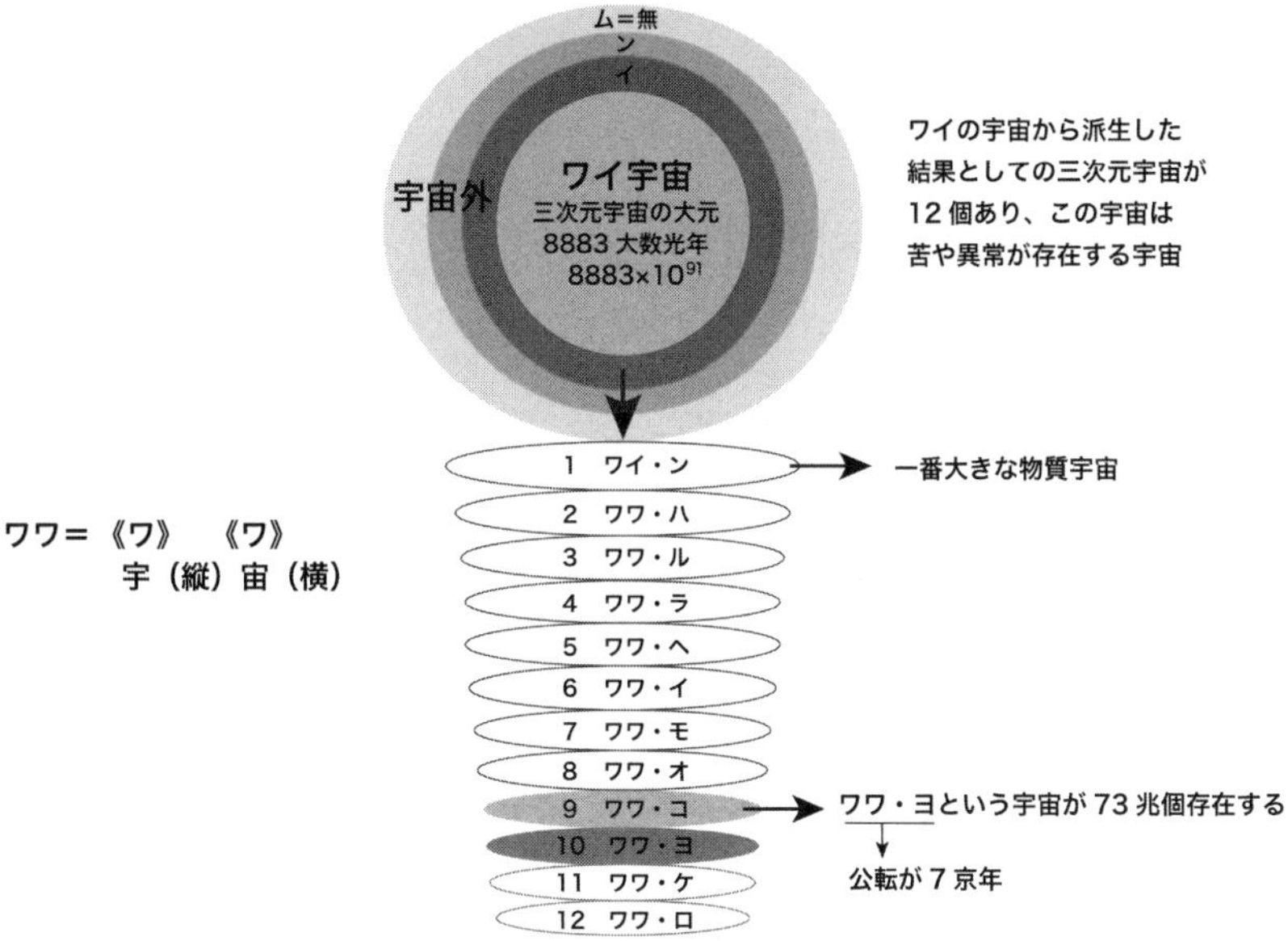

そして、無限の外宇宙から発生したすべての根源を、外の大宇宙「ム・領域」、さらにそこから派生した結果の3次元宇宙の大本を「ワイ大宇宙」といいます。

このワイ大宇宙の大きさは、8883大数光年（10の91乗）という途方もない大きさです。ワイ大宇宙から派生した大宇宙が、さらに12個あるといわれ、その中の9番目に大きい「ワワ・コ大宇宙」の中に内包されているのが、私たちの「ワワ・ヨ宇宙」といわれる小宇宙なのです。

さらに驚きなのは、私たちと同じような小宇宙は73兆個あるというのです。

この「ワイ大宇宙」と私たちの「ワワ・ヨ宇宙」を比較した場合、ワイ大宇宙が太陽の大きさなのに対し、私たちのワワ・ヨ宇宙は豆粒ほどの大きさなのだとか。

太陽対豆粒。豆粒の中にいる私たち人類とは……。

そう考えると、宇宙の大きさは永遠すぎて、思考すら及びません。しかし、永遠とも思える途方もないマクロの宇宙も、ミクロの私たちの日常も、じつは大きく連動していて、今の大転換期に影響しているのです。

宇宙のプログラムのシフトとは

ここからは、私たちが存在している宇宙のプログラムとサイクルについてご説明しましょう。

今、私たちの宇宙のプログラムそのものが変わっています。

まず前提としてあるのは、大宇宙も地球も人間も微生物も、宇宙に存在するすべてのものは**「創造と破壊を繰り返しながら進化する」**というプログラムを内包しているということです。

それは、マクロ的規模の宇宙であっても、ミクロ的な原子以下のレベルのものであっても、この宇宙の中においては、森羅万象、同じ法則のもとに動いています。

たとえば、太陽系も銀河も、中心には恒星や巨大な重力源があり、その周りを惑星や星系が自転しながら公転しています。ミクロの世界でも、原子核という中心の周りを、電子が飛び交って回っています。

つまり、**すべては相似象（フラクタルパターン）**といえます。

私たちが生きる「ワワ・ヨ宇宙」も同じです。ワワ・ヨ宇宙群の中心には、**「于由《うゆう》の光」**と

私たちの住んでいるワワ・ヨ(137億光年)宇宙の
プログラムがアップグレードした

図1

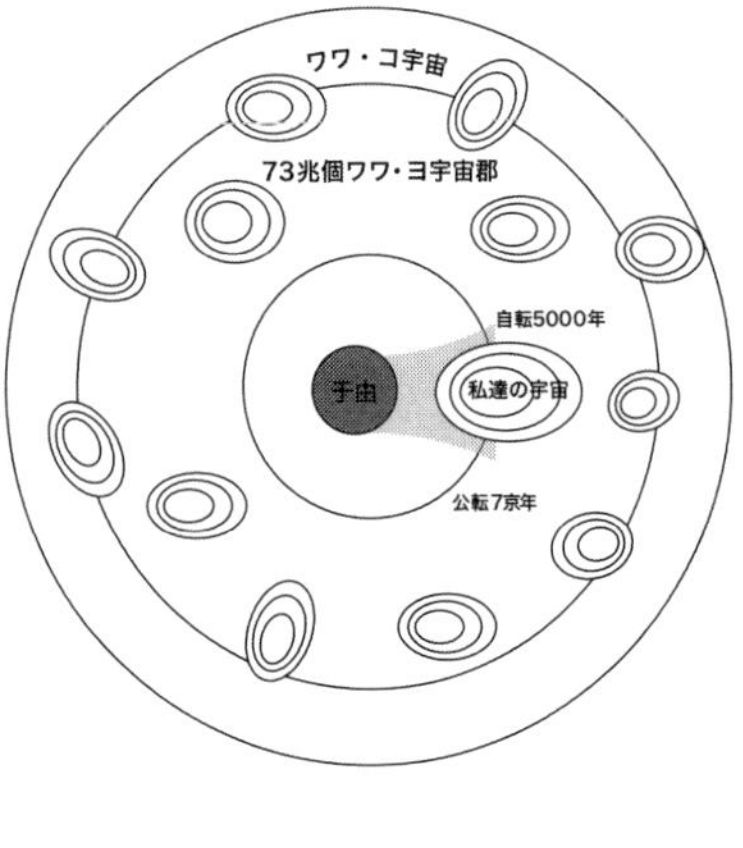

図2

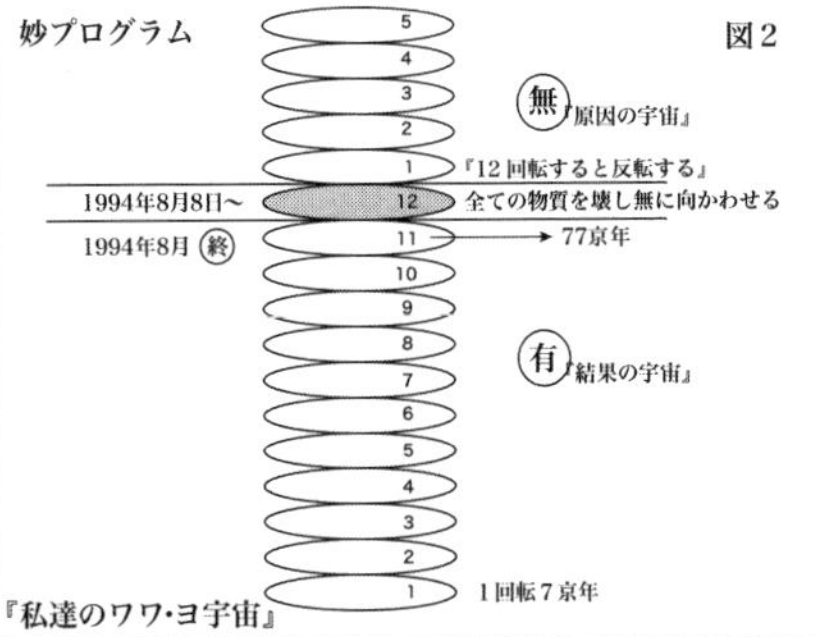

図3

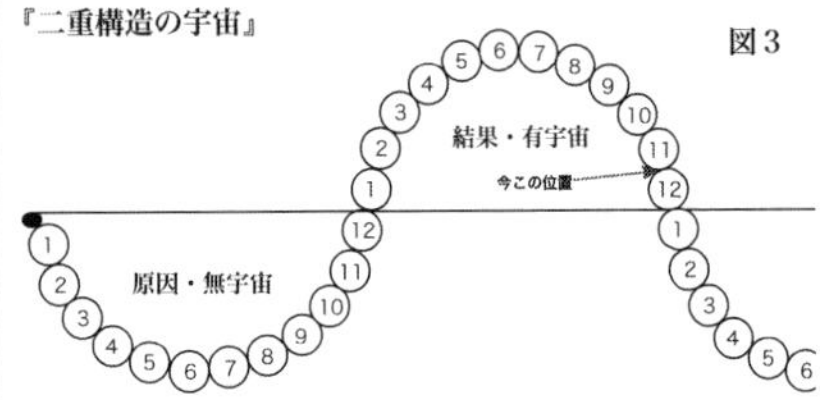

いう光源があるといわれていますが、この于由の光の周りを、私たちの宇宙は、７京年という果てしない時間をかけて公転しているというのです。

そして、１回７京年の公転を繰り返すごとに、宇宙は新たなプログラムへとシフトし進化を遂げています。

すでに１９９４年８月の段階で、私たちの宇宙は、７京年サイクルの11回目の公転のプログラムを終え、現在は12回目の公転に突入し、新たなプログラムが稼働しているのです。

宇宙が新たなプログラムにシフトするというのは、パソコンで例えるなら、ソフトがアップグレードされていくことと似ています。つまり、現在の新たな宇宙のプログラムは、過去の７京年の宇宙で培った形質をもとに、さらにアップグレードされ進化したバージョンへとシフトしているイメージです。

新たな宇宙のプログラムとなり、この先、何京年と時が進めば、人類といわれる生命体のフォルムは、今とはまったく違った形になるかもしれません。

これまでのフォルムは、手足があり大地を二足歩行で歩くことがスタンダードな形でしたね。

しかし新たなプログラムの環境で進化した人類は、手足の形もフォルムも別のものとなり、大地を歩くこともしない生命体が、スタンダードな進化形態となることもあり得るのです。

さらに、私たちが認識している自然界の山や川も、新たな宇宙のプログラムにおいては異なる形のものを山や川と認識することも考えられます。もっといえば、これまでの認識や考え方は、別ものへとシフトしていくことでしょう。

宇宙のプログラムが変わるということは、これまでとはまったく異なる、新たな造形物や形質、思考、概念、言語を取り込み進化していくということなのです。

あまりに壮大で果てしない宇宙の話なので、現実の私たちにはすぐには関係ないように思えるかもしれませんね。しかしそんなことはありません。プログラムが変わった時点で、その宇宙の中で生きている私たちにも、即座に連動していることもあるのです。

※何が連動し、変化しているのかの詳細は著書『地球大転換時代の生き方とＮＥ運命解析学』（文芸社）をご参照ください。

地球上にある解明できない遺跡の謎

宇宙人生理論では、地球という惑星は「1万年サイクルでの学び舎」と定義しています。

この1万年サイクルというのは、宇宙の自転5000年を2回経験するという計算です。宇宙の公転は7京年ですが、これらは私たちの「ワワ・ヨ宇宙」も含めた、「ワワ・コ宇宙」の中心にある**「于由の光」から見た宇宙法則に基づくサイクル**だと考えられています。銀河系の中心を太陽系が廻る公転周期や、さらに短い西洋占星術の260年の「風の時代」といわれるものは、地球から見た天体における周期なので、規模と視点がまるで違うのです。

現在の私たちは、地球の学び舎に来た**46代目のDNAを持つ人種**だといわれています。

そして私たちの1つ前、45代目のDNAを持つ人々は、エジプトのクフ王のピラミッドや、ナスカの地上絵を描いた人々だというのです。

彼らの遺した遺跡の謎は、一向に解明されませんよね。それは、そもそも私たちとはDNAが違う人種が造ったものだからです。

現代人の認識でいくら研究を重ねても、造った人種のＤＮＡが違うのですから、巨大な建造物が一体何のために造られたものなのか、どのような意図と用途で造られたのかは、理解不能というわけです。

これらの遺跡群は、一つ前の45代目の時に造られたものです。

遺跡群を造った文明の人々は地球を卒業したのですが、地球は1万年のサイクルが終わると、次のＤＮＡを持つ人種を受け入れるために、彼らが造り上げた文明を更地に戻すため、地球を一旦、水洗いするといわれています。太古から残る神話には、大洪水が起こって云々……という記述がありますが、その痕跡を表しているのでしょう。そのような地球規模での水洗いでも洗い流しきれなかった巨大な建造物が、地上に遺跡として遺っているということなのです。

このような認識をもって地球上を眺めてみると、現代科学をもってしてでも解明できない遺跡や建造物、物体が、この地球上には驚くほど数多くいまだに遺されています。

これまでの現代科学の認識では、今の文明社会こそが、地球における唯一の進化した形態だと思っています。しかし宇宙人生理論では、地球上ではかつて、何度も私たち以上の高度な文明社会が栄え、地球という学び舎を卒業していったとされています。

今までの歴史的な研究や考古学は、「現代文明こそが一番進化しているもの」という認識や前提、尺度のもとに考えられていました。その思考の枠組みを外すようなパラダイムシフトが起こらない限り、事実や真実を解明することはできないのです。

さらに考古学的にみて、解明できない都合の悪いものや、研究してもお金にならないものは、表に出されなかったので謎は謎のままでした。

よく耳にする現代科学技術の放射性炭素年代測定も、地球の過去文明の真実を推し測れるほど高度なものではないとのこと。いまだ発見されていないさまざまな要素が組み込まれないと、正確な年代測定を割り出すことはできないようです。

しかし、これからの昼の時代が進めば進むほど、過去の高度な文明での遺跡や遺物がますます発見されていきます。研究者にも、さらなるインスピレーションが降ろされ、新たな認識や解釈、新技術などに基づいた驚きの研究発表もなされてくるでしょう。

地球1万年サイクルにおける昼と夜の推移

私たちのワワ・ヨ宇宙の「自転のサイクル」からも紐解いてみましょう。

地球が太陽の光が当たる半日を「昼」、当たらない時間を「夜」とするように、私たちのワワ・ヨ宇宙にも于由の光が当たっている時間を「昼」、当たっていない時間を「夜」としています。

つまり、ワワ・ヨ宇宙の自転のうち、于由の光から遠ざかる2500年が「夜の時代」、于由の光が当たる2500年が「昼の時代」となるのです。

昼と夜1セットが5000年となり、それを2セット繰り返す。それが、1万年のサイクルということです。

地球1万年サイクルの推移がどうなっているのかを、もう少し詳しくお伝えしたいと思います。

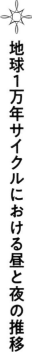

宇宙の至る所から来て学ぶ魂のうち、はじめに地球の昼の時代に入植し、2500年の環境下で転生を繰り返し、進化・成長する魂をもつのは「昼の人種」です。逆に夜の時代に入植し、2500年で輪廻転生を繰り返し、進化・成長する夜の魂を持つ「夜の人種」もいます。

つまり、地球にやって来る魂は**「昼の人種」と「夜の人種」**の2つに分かれているのです。

これはどちらが優れている・優れていないではなく、魂が進化・成長する上で、どの環境に適合しやすいかといった「魂の質の違い」ともいえます。地上の鳥をみても、昼の光の中でしか活動できない鳥もいれば、昼は眠っていて夜に活動する鳥もいるのと似ています。昼の時代の環境に適合しやすい魂は、昼の時代の地球に生まれます。逆に、夜の時代の環境に適合しやすい魂は、夜の時代の地球の環境に生まれるのです。

私たちは、地球上のさまざまな物質でできあがった、46代目のDNAの系統を持つ人類の肉体を、今回選んできました。そして1万年のサイクルの環境の中で、経験し味わうことを通じ、魂の転生を繰り返し、進化・成長しているのです。

1万年サイクルの推移については、左ページの表をご覧ください。

まず、昼の時代に適合する「昼の人種」の魂が、最初の昼の時代に入り、「秸《ケツ》」の時代において輪廻転生を繰り返しました。その2500年の秸の時代での学びが終わると、今度は夜の時代へのサイクルが移り変わります。ここでは、昼の人種は転生せず、魂はお休み期間に入ります。逆に、夜の人種の魂が、「祖《ソ》」の時代の2500年間で転生を繰り返し、学びを経ていったのです。

ここで、宇宙は1回目の5000年の自転が終了。転換期を経て、2回目のサイクルに突入します。

2度目のサイクルも、昼からスタート。「皇《オウ》」の時代に、昼の人種の魂たちは転生を繰り返しながら文明を築くと、2500年後には夜の「執《ゲイ》」の時代へ。

そうして2回目のサイクルの5000年が終わると、46代目のDNAをもつ人類は、地球で最高レベルの学びを終えることになり、地球を卒業していくのです。

人類の変化　地球環境1万年のサイクル

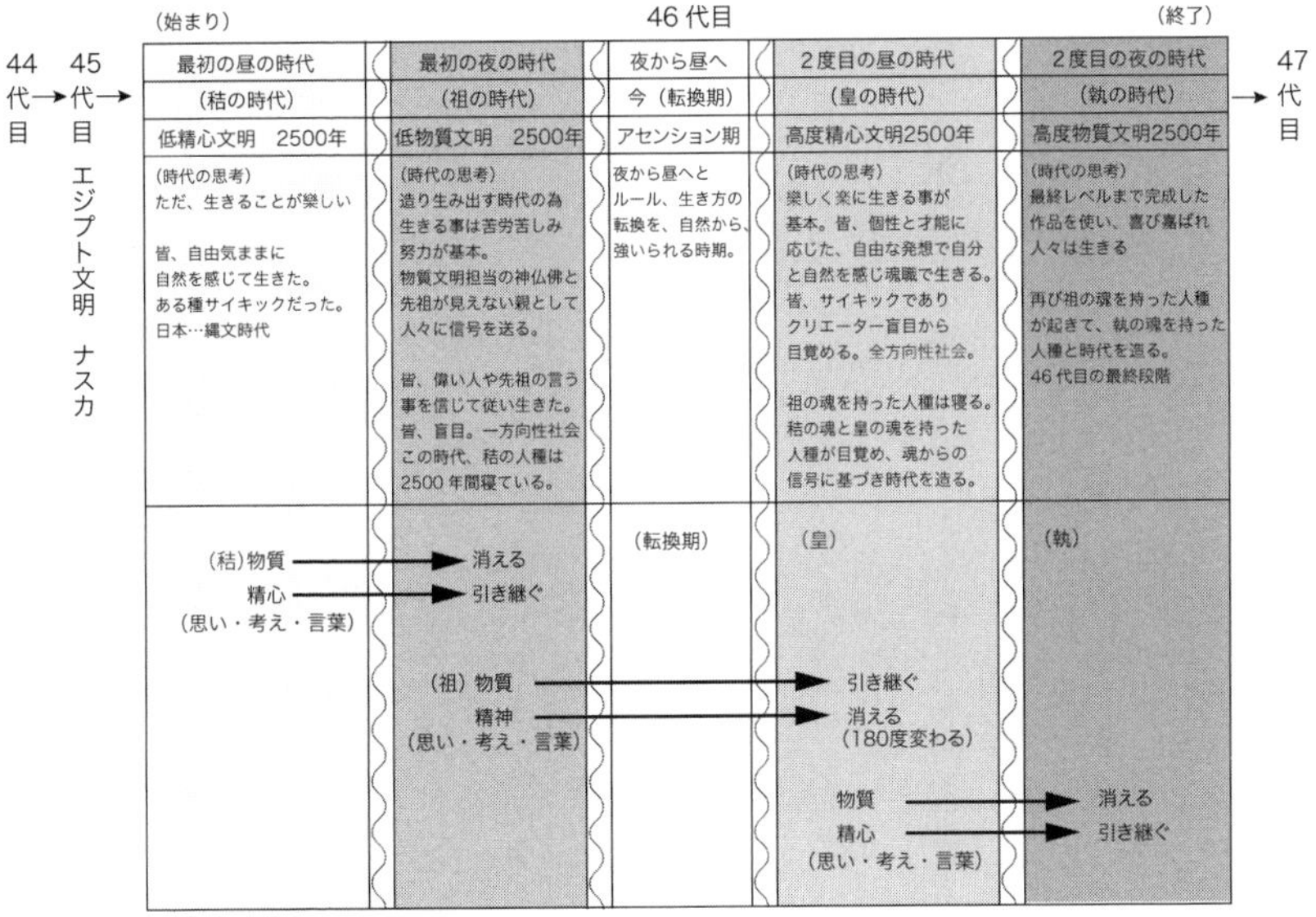

宇宙人生理論で説く、地球文明の真相

今度は、今の私たちの歴史を踏まえ、1万年サイクルを地球文明の視点から具体的にお話しします。43ページの表を参照しながら進みましょう。

【秸《ケツ》：生きることが楽しかったはじめの文明】

1万年のサイクルを、4年制の大学に例えるとよいかもしれません。

昼の人種である魂をもつ人々は、地球の学び舎において、大学1年生として「秸《ケツ》」の時代に生まれました。今から約5000年前です。

昼の時代の特徴は、「**精心を進化させる**」という意図とテーマがある文明です。この時代は地球上に于由の光が降り注がれているので、地球はエネルギーに満ちています。

では、46代目最初の昼の時代である「秸」の時代は、具体的にどんな文明を築いたのでしょうか。

「秸」では、「**低精心文明**」が時代の意図と目的でした。各々が魂の個性に合わせて、自由にやりたいことができた時代です。

現代文明のように快適な暮らしや楽はできませんが、秸の時代の人々の思考は、自然と共生し、搾取ではなく循環することで、生きることそのものが樂《たの》しい。そんな昼の時代のルールの中で生きていたといいえます。

とはいえ、まだまだ魂は幼く、人間の人生で例えると10歳以下の子どものようなイメージ。魂が幼ければ、生きるためには面倒を見てくれる親が必要な時です。

その親とは誰か？　それは**地球の自然界そのもの**であり、秸の人種に精心文明を促す、**見えないエネルギーの存在**が、親役として人々をサポートしていました。

昼の時代は、地上に于由の光がふんだんに降り注がれているので、自然の恵みが豊かで、食べ物も充分な状態。争って奪い合うということは、あまりありませんでした。

日本では、縄文時代後期頃とイメージするとわかりやすいでしょうか。世界では、シュメール文明頃といいえます。

秸の時代の人々は、「低精心文明」というだけあり、普通に自然界や自分の魂と同通でき、一種のサイキック的な能力を宿していたといいます。誰に聞くでもなく、自分の人生の方向性を見出し、魂の思いのもと、今とは違う独自のテクノロジーを用い、さまざまなことを探求し、自由に樂しく、平和に生きることができていたのです。

【祖《ソ》：苦労・苦しみがテーマの文明】

宇宙は廻り、時代は昼から夜へとサイクルが変わります。昼の時代が終わり、于由の光が遠ざかる夜の時代に移行すると、昼の魂を持つ人々は徐々に地上からは消え、夜の人種と交代です。

肉体のDNAは46代目の人類として同じものが引き継がれますが、そこに入る魂は、夜の時代に進化しやすい、夜の人種となっていきます。1回目の夜の時代に地球で生きる夜の人種は魂的にはやはりまだ幼く、人間の人生で例えるなら10歳から20歳くらいです。

夜の時代は、「**低物質文明を造り上げる**」という意図とテーマがある文明です。現在の物質文明は、高度に進化していると思われるかもしれませんが、人間のことも天体のことも、まだまだわかっていない低物質文明です。

この1回目の夜の時代を、「祖《ソ》」の時代といいます。「祖」という文字が表す意味は、現代の物質文明に至る上での、考え方や言葉、テクノロジー、家系といった、物質文明におけるすべての〝祖〟となる時代を指します。よく「始祖」「祖先」「先祖」という言葉を使いますが、どれも血統や家系、ものごとの始まりを意味します。

地球の学び舎においては、大学2年生です。

夜の時代は、于由の光が地上に入ってきません。ですから、地上はそれまでの秥の時代の2500年間に地上に蓄電したエネルギーを消費していくしかありませんでした。一部の地域には肥沃なエネルギーがあっても、一部の地域はエネルギーがない。ない所は、ある所から奪うことでしか、豊かに生きることはできなかったのです。

地球上のエネルギーが少なく、豊かさに恵まれない夜の時代の環境で、「低物質文明」を造り上げることを意図し、一から造り上げることを促したのが、夜の時代の〝神々〟（神ではなく神）の役割でした。

祖の時代は2500年前から続き、現代の時代となるわけですが、時代を造り上げるには、その意図のもと、見えないエネルギーが必ず関与します。それが、私たちが「神」と崇拝する、夜の時代を造り上げるために担当した神々でした。

では、彼らが促したルールとは、何でしょうか？

地球環境で人々が生きるためには、**苦労、苦しみ、努力が必要とされました**。さらに、一部の人々は、人から奪うための**嘘騙しの知恵**、その他の多くの人々は、偉い人には**信じて従う**ことを強いられてきました。

紛争や戦争が絶えることのない環境の中で、他国に勝る武器を作り、その武器製作の技術が人々の村や街のインフラに寄与し、少しずつ効率が良い暮らしができるようになってきたのです。

エネルギーが何もないところから、すべてを自分たちで生み出さなければ生きていけないという、過酷な重労働が当たり前の環境の中で、人々は協力し合わないと生きられない時代でした。その中で、気づき、成長していくことを選んでいる魂が、祖の時代を生きる夜の人種です。

ですから、秸の時代のように個性を発揮し生きることや、自由を求めて生きるということは、危険人物とみなされたり、奇人変人扱いされたのです。

社会が引いたレールから逸れないように正しく生きていくこと。それが、夜の時代をより良く生きる上でのルールでもあったのです。

この時代に夜の人種を守り促していた〝見えない親〟というのは、秸の時代の親であった自然界ではなく、**夜の時代を造り上げる神**《かみ》と、**神が作ったルールをしっかり受け継いで生きた先祖**でした。

たとえ80歳の大人であっても、背後に先祖がガイドとして付いており、自分の家系を繋ぐ、あるいは子孫が夜の時代のルールからはみ出さないようにする。また、きちんとお国や上からの命令に信じて従うよう、常に子孫たちのガイドとなり、夜の時代に環境適合する生き方の信号を、子孫に送り続けていたのです。

【皇《オウ》：楽を謳歌でき、自由に生きられる文明】

2500年続いた夜の時代の文明の終焉を迎えた地球は、2回目の昼の時代へとサイクルが廻ります。

まさに今、また地球に于由の光が降り注がれて、自然界そのものも目覚めてきています。地球の学び舎は、大学3年生を迎えようとしているのです。

大学3年生ともいえる「皇《オウ》」と呼ばれる昼の時代は、秸の時代の精心文明よりも、**さらに進化した「高度精心文明」**がテーマとなります。

「皇」の字を崩すとその意味するところがわかりますが、「白い王」と書きますね。これまでの祖の時代は、自分以外の外部の情報や信号で、真っ黒黒スケ状態でした。そして、自分というものはないに等しかったのです。それがこれからは真逆で、自分の魂から来る信号に基づき生きるので、外部のものに影響されない「白き王」という意味になるのです。

人類の環境としては、秸の時代に自由に樂しく生きた感性を引き継ぐ遺伝子情報と、夜の時代に苦労や努力をすることで培ったマインドやテクノロジーの遺伝子情報、この両方の遺伝子情報を持つ肉体の中に入る魂は、生きる上で人類の多くが経験したことのない、楽で楽しく、自由な創造性に満ちた人生を生きることがテーマであり、ルールとなります。

皇の時代は、秸の時代で転生を重ねた魂と、秸の魂にさらなる進化を促す役割を持つ地球外で転生をしていた「皇」の魂を持つ人々により構成され、新たな昼の時代の文明を構築していくのです。

皇の昼の時代の肉体に入る魂は、人間の人生で例えるならば、20歳以上の**大人の魂**です。過去のルールやこれまでの価値観、常識、社会通念、固定観念には縛られなくなっていき、これまでのように言われたことだけを信じて従って生きるのではなく、**自分で学び、自分で考え、判断し、行動することで自らの魂の目的のもとに、自由に生きていけるようになる**のです。

これまでの人類史上始まって以来、人々は樂で楽しく、喜んで、喜ばれるというルールのもとで生きることができる時代の到来といわれています。

【執《ゲイ》：喜びがテーマの文明】

「執《ゲイ》」と呼ばれる最終段階では、大学1年から3年にあたる7500年間に培った、すべての遺伝子情報が融合された「**高度物質文明**」と呼ばれる文明に移行します。ひとつ前の「高度精心文明」の遺伝子情報も引き継がれ、**物質も精心も最高潮に達した最終文明**となります。

最後の執の時代は、祖の時代に転生した魂を持つ夜の人種と、その魂の進化をさらに促すために地球外で転生していた高度な魂を持つ、「執」といわれる夜の人種の人々から構成され、46代目のDNAを持つ人類の最終文明を造り上げていきます。

この文明は、祖の時代に進化した魂を持つ人々が「神」となり造り上げた、最高潮に達する高度なテクノロジーやAIが、人類を平和に導くといわれています。

高度精心文明と高度物質文明が融合された、非常に高度なハイテク文明。人々には苦もなく、生きることは喜びそのものであり、人類が造り上げるものはすべての生命体の喜びのために転嫁され、人々は喜びのもとに生きるというテーマで生きていくことになるようです。

その段階で、46代目のＤＮＡを持つ人類は、地球での1万年サイクル、昼夜4年制の学び舎を卒業していくといわれます。

その後、また次のＤＮＡを持つ人々の魂の進化・成長の学び舎を整えておくために、これまでの文明の痕跡をきれいにする大きな水洗いが起こり、きれいになったところで、宇宙のどこかから飛来する人々の魂の進化・成長のための新たな1万年のサイクルが始まるのです。

現在の私たちは、夜の時代の文明から昼の時代の文明の大転換期を生きている

途方もない文明の流れを俯瞰した1万年のサイクルの視点からお話ししてきましたが、今度は、今の私たちに視点を落としてみましょう。このＶＵＣＡと呼ばれる過渡期を生きる上で、大事なことをお話ししていきたいと思います。

まず、今、地球は一体どの位置にいるといえるのでしょうか？

次ページの図を見ていただければおわかりのように、ちょうど、于由の光が当たらなかった

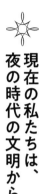

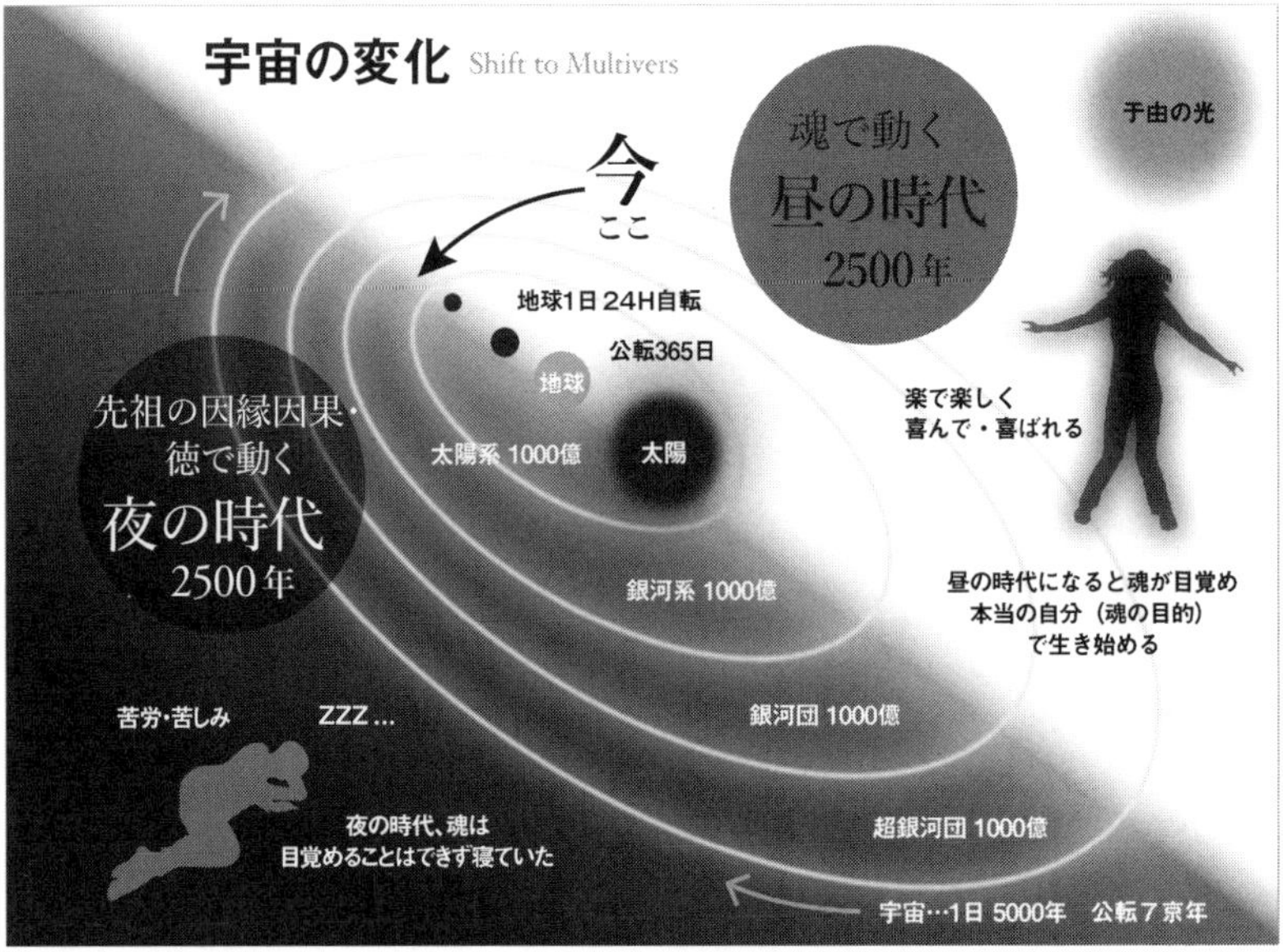
宇宙の変化 Shift to Multivers
今
ここ
魂で動く
昼の時代
2500年
于由の光
地球1日 24H自転
公転365日
地球
太陽系 1000億
太陽
先祖の因縁因果・
徳で動く
夜の時代
2500年
楽で楽しく
喜んで・喜ばれる
昼の時代になると魂が目覚め
本当の自分（魂の目的）
で生き始める
銀河系 1000億
苦労・苦しみ
ZZZ…
銀河団 1000億
夜の時代、魂は
目覚めることはできず寝ていた
超銀河団 1000億
宇宙…1日 5000年　公転７京年

夜から、于由の光が当たり始めた昼の位置に差し掛かっています。あたかも、山の頂から、朝の光が地上を照らし始めた状態にいるといえるのです。

そんな地上で生きる現代の私たちは、２５００年続いた「祖」という夜の時代が終わり、「皇」という昼の時代を迎えるという、宇宙のサイクルのシフトのタイミングにいます。

と同時に、すでにお伝えしましたが、7京年という途方もない宇宙の公転が終わり、新たな12回目のプログラムに入ったという、ダブルの大転換期の真っただ中にいるのです。

これは宇宙規模からみても、極めて類まれなタイミングの時に地球に生まれたといえるでしょう。

だからこそ、地球も私たちも、否が応でも、大きく変化せざるを得ない状況にいます。生命が、進化を飛躍的に促進できる状況というのは、いつの時代でも**過酷なまでの状況下に陥った時にのみ、進化のスイッチが稼働する**ようになっているようです。

これまでにも、地球上に生息した生命は、何度も地球環境の変化による危機を経験してきました。その度に柔軟に生き方を変えられた種が、未来に子孫を残すことを許されたのです。

この文明と文明の大転換期の中、今、私たちはその岐路に立たされているといっても過言ではないのかもしれません。

この本の中では、今の私たちが置かれている状況を、宇宙的視野で俯瞰して見た時に、一体どのような状況に置かれていて、どこからどこへ時代は向かっていくのか。また、時代の潮流が赴く先を見据えた上で、終わりゆく文明と一緒に淘汰されないように、この過渡期を生きぬく力を得られるように、あらゆる角度から紐解いていきたいと思っています。

これまでの夜の時代の文明の特徴とは

まず理解していただきたいのは、私たちのこれまでの文明の土台、「祖」と呼ばれる夜の時代の文明の特徴についてです。

2500年前の釈迦や孔子が生まれた頃から始まり、人類が築き上げてきた文明は、「低物質文明」でした。

今より高度に進んだ本格的な「高度物質文明」の完成は、遥か先、２５００年後から始まる「執」の時代からになりますが、「祖」の時代の最終目的は、豊富なエネルギーが地球上になく、自然の脅威も多い中で生きるしかなかった環境から、人々が苦労や努力の末に、地球の地下に眠るさまざまな資源を活用する術を見出し、物質的な豊かさを得て暮らせる土台を作ることでした。

つまり、**次の昼の時代の高度精心文明における、テクノロジーの基礎となるところまでの「低物質文明」を構築すること**にあったのです。

実際に、私たちの現在の暮らしは、生きるために多大な労力を必要とした時代から、今や先進国の人々であれば、夜になっても暗闇におびえることもない電力と、自由に移動できる車を持っています。かつ昔でいえばテレパシーを実現しているようなスマートフォンを、少なくとも一人一台持つ時代です。

このような物質文明を築くことが、これまでの夜の時代の目的でした。さらにいえば、祖という夜の時代においての物質文明の最終的な頂点は、「原子力の発明と活用」までだったともいわれています。**原子力というのは、まだまだ低物質文明の域**なのです。

しかし、ここに至るまでの歴史的背景は、悲惨な戦争の歴史ともいえました。夜の時代では、争い、紛争、戦争が1秒たりとも地球上から消えたことはいまだにありません。なぜ、そうだったのか……。その流れを明かしていきます。

支配する者たちの出現

昼の時代は、亍由の光というエネルギーが大量に宇宙から降り注がれているので、「秸」の時代の自然環境は非常に豊か。かつ、今とは異なる昼の時代のテクノロジーを活用し、今よりも無邪気で無垢な精心性を持っていたといいます。

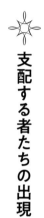

特に日本の縄文文化においては、大地や海の恵みが豊富にある中で、食べたい時に食べ、寝たい時に寝ても飢えることはなく、多少の小競り合いはあっても基本的に平和な時代だったといわれます。

しかし、宇宙のサイクルが変わり「夜」に突入すると、昼の時代に降り注がれていた亍由の光のエネルギーは失われていきます。

豊かな土地や自然の恵みは地球環境から徐々になくなり、昼の時代に形成された大規模な集落は消え、肥えた土地を求め移動したり、争い合いが起こり始めました。そして豊かな土地を見つけると、少人数の親族が集まり、そこで定住し米や麦を育て始めるという生活スタイルに移り変わっていったのです。農耕は大勢で土地を耕し収穫するほうが生産性は上がるため、親族だけではなく近隣の部族が協力し合うようになります。

多くの人間が集まることで、そこに集落ができ、集団を統制していく夜の時代のルールが生まれ始めたのです。

こういう状況の中から、夜の時代を担当する神々が、人々を夜の時代のルールのもとに導き出します。不作が続くと、いつしか人々は豊作を願って、自然界の太陽や大地に祈りを捧げるようになりました。すると、その中から「神のお告げ」と称して、指示命令を言い出す者が現れるようになったのです。

昼の時代であれば、地上に自由の光という精心性を高めて魂を進化させる光が降り注がれていたので、一人ひとりが魂や自然界と同通できていました。ゆえに、外部の神々や人にお伺いを立てずとも、自分でどこにいけば食べられるか、どこに行けば身は安全なのかといったことは、直感的にわかっていたのです。

つまり皆が一種のサイキックであり、魂の意図のもと自立して生きている共同体だったということです。


しかし夜の時代になると、于由の光が届かないことで、魂が目覚めていたことによる感性やサイキック能力は萎え、その代わり、夜の時代の神から直接信号をもらうことができる人が現れます。

彼らは神官や巫女と呼ばれ、「この時期に種を蒔くと豊作になる」「不作にならないために神が生贄を出せと言っている。出せば豊穣の年となるだろう」などと、〝神がかって〟言う（実際に神が、〝かかって〟いた）彼らに、魂や自然界と同通できなくなった人々は恐れつつも、信じて従い始めるようになります。実際に従って行動してみると、本当に豊かになった。だから人々は、神官たちに畏怖の念を抱き、否応なく従って生きるようになっていったのです。

敬われた彼らは、神の言葉を降ろす神官から、いつしかその土地で力を持ち、統治するようになると、人々の上に立ち、指示命令をする側へと移行していきます。

夜の時代が進むにつれ、部族の中でも神の言葉だけでは神官の指示に従わない人間たちが出ると、今度は武力で制するようになります。力の強い者は、次第に王や帝王の位置につき、世襲制度・貴族制度をしき、自分たちと一般の人々を乖離させていったのです。

それは、その後に続く夜の時代の構造として、君主や王というトップに君臨する、一部の絶対権力者と官僚たちが、広大な領土を持つことで民衆から税を取り、支配する、トップダウン構造の「国」という形となり、続いていくことになりました。彼らは、「自分たちは神からその任を授かった」という王権神授説を盾に、時に武力や権力で人々を従わせ、支配していくのです。

戦争により、もたらされた文明

王が人々を従わせる強い武力を持つようになると、さらに「神のお告げだ」と言っては、より効率良く他国を侵略し、金品や物を奪い版図を広げていく行為を繰り返すようになります。

夜の時代は、エネルギーがない地球上で、力のある王（支配者）のもと、人々は常に食料や物資、エネルギーの奪い合いの戦争に従事させられました。そして、他国を侵略し奪うことで物質を多く持てることが、国の豊かさ、強いては、その国に住む個人の豊かさにも繋がるという物質重視の価値観が、文明の土壌としてでき上がっていきました。

戦争に勝つために重要なのは、強固な武器を生み出すことでした。武器で勝り、戦争に勝てば、領土を広げ、労働力となる奴隷や労働者を獲得する確率は高くなり、国の経済も潤う構造です。

その結果、武器は形を変えて、食料や日用品を生産するための強固な農耕器具や優れた工芸技術の道具となり、国の豊穣に貢献していきます。さらに快適な生活環境を作る、インフラ整備のための道具にも変身していきました。

「戦争に勝つ＝産業が発達する＝国の経済が潤う＝物質文明の発展」

という仕組みができていったのです。

エネルギーのないところから物質を生み出し、夜の時代の意図と狙いのもと、快適な物質文明を作るには、どうしても人海戦術が必要です。そのため、トップダウン構造の支配者が、権威と権力、時に武力を用い、人々を従わせ働かせることが、どうしても必要だったのです。

しかし、たとえ王といえどもひとりの人間です。その人間に、何千何万の群衆を動かし従わせるだけの力が、なぜあったのでしょうか。

じつは、物質文明を造り上げるためのルールを作り、人々をコントロールする夜の時代の「神」が、王の背後に常に付いて信号を送っていたのです。

王という存在はもとを辿れば、神と同通できる神官や巫女から成り上がっている場合が多いともいえ、王個人にその能力がなかったとしても、必ず傍らには、その能力を持つ者がいるのです。

巨大なエネルギーの神が背後に付けば付くほど、王そのものの実力はたいしたことなくとも、その王の力は背後のエネルギーによって強化され、人々はかしづき、命令に従っていたのです。国の支配者でいるということは、夜の時代の構造上、搾取の元締めとしての位置に君臨することとなるのです。

また、夜の時代の低物質文明においては、地球の地下から掘り出された金や銀が最大の価値あるものとして扱われ、その兌換券として紙幣が生み出されました。その結果、紙幣がないと生きることさえままならないという構造ができ上がります。何よりも、経済力を持つ者が力を持つことになっていったのです。

時に、国の王たちよりも商人や金を扱う者たちが支配権を握るということもありました。商魂たくましい彼らは、国から国へと長い道のりを何年もかけて渡り歩き、武器や貢物、工芸品、絹織物やスパイス、時には奴隷など、王や人々に需要があるものを交易していきます。後に「シルクロード」や「スパイスロード」と呼ばれたルートも、国と国とを交易で結ぶ道でした。国から国を行き来する商人のおかげで、文化や芸術のみならず、仏教やキリスト教、イスラム教といった宗教も各地に広がり、世界中に夜の時代の共通の価値観や認識を持つ文明が築かれていきます。

商人の多くは、駆け引きや利益のため、嘘騙しも得意としていました。

夜の時代の根底にある考え方として、人の命よりも、お金や金銀財宝のほうが価値があり、それらを得るために、王も商人も庶民も嘘騙しを巧みに使い、搾取する。お金や力のある者は自らの欲望を満たすため、お金のない者は生きぬくために、時には平気で命を奪い、傷つけ合うことは当たり前。人権などという言葉は皆無な時代でした。

生きることそのものが、お金や食べ物を得て、慾《よく》を満たすための、弱肉強食の苦しみの連続だったのです。まだ幼い魂を持つ祖の時代の人々を、時々私は「ゴリラから毛が生えた程度の進化度」と例えるのですが、核心的なものになど価値は置かず、自分の利益を得るためなら手段は選ばない、といった強欲な資本主義の源流となりました。

人々の価値観は、物があること、お金があること、おなかいっぱいご飯が食べられること。多くの人にとって、それが「しあわせ」と感じられるものでした。そのためには労働を強いられても、苦労、苦しみ、努力を厭わなかったのです。また支配者から過酷なインフラ整備の労働や兵役を強いられ、それにより亡くなる人々も圧倒的に多くいた時代でした。

そのような荒廃した人々の心の救いとして生まれた文化が、「宗教」です。苦労や苦しみの中から、魂の成長を促されるという夜の時代の意図において、救済として生まれました。けれども、残念ながら夜の時代の宗教は、人々の魂を救うための根本治療にはなりませんでした。逆に、絶えず争いの火種を世界に撒いてきただけ、ともいえます。宗教の違いや派閥同士で果てしなく争いが繰り広げられ、真っ当な信仰をもつ人々もいる反面、宗教の裏では、早くからビジネスや権威・権力維持の道具として活用する人々もいたのです。

宗教においても、夜の時代の神がコントロールしていました。夜の時代の人々は、そういう構造を知ることもなく、信じて従うことで救われると思い込み、そこで価値を見出して、神やその組織に従順に生きてきたのです。

何千年とさまざまな宗教が続いても、お金や土地、資源を奪い合う争いは、国内においても、国と国との間においても、1秒たりとも地球上からやむことなく続き、今に至ります。


戦争に勝つために、どの国でもエネルギーを注いだものが、武器、武力、軍事力の強化でした。最先端の武器開発は、同時に最先端のインフラ技術に応用されていったのです。

私たちの文明では当たり前のように使われている、鉄ひとつとってみても、強固な剣や弓矢ができる製鉄技術から発展し、農耕の鋤や鍬となり、さらに鉄砲や大砲となり、今ではビルや建物、街の整備には欠かせないインフラとなっています。

現代には欠かせないパソコンもスマホも、その技術の大本は、スパイ通信のために開発されたものです。

こうして今、私たちが得ている物質文明は、戦争により生み出され、もたらされたものであり、近代になっても戦争は、支配者たちにとって、最もお金になるビジネス、軍需産業として存在し続けているのです。

人権よりもお金、命よりもお金という夜の時代の環境の中で、支配者に指示・命令され搾取されながら、苦しみと苦悩の中で魂を進化させたいと生まれた夜の人種の人々、つまり絶対的な自由とは程遠い時代の中で生きた私たちの先祖が、時代の意図のもと造り上げたのが「低物質文明」の現代文明だったのです。

「一方向性社会」という暗黙のルールのもとに生きた時代

地球上の大自然のルールとは、多様性に富むさまざまな種が生かし合い、共生し合って繁栄することです。

たとえば、植物は水と二酸化炭素で栄養を作る時、いらなくなった酸素を外に出します。人間も動物も、植物にとっては不要な酸素を吸って生命を維持し、不要な二酸化炭素を出すことで今度は植物の栄養となります。

このように大自然のルールを観察すると、生きていく上での弱肉強食の掟はあっても、うまく循環が行われ、結果的にはそれぞれの種や生命を生かし合っています。

地球上には、陸を生きる生き物、海の中の生き物、空を飛ぶ生き物と、さまざまな生命が個性豊かに存在し、各生体にあった快適な場所で、誰かに矯正されることなく、それぞれ自由に生きています。

それを、個々に合った「全方向」の生き方で生きているとしたならば、私たち人間も、本来、大自然の一部であることには違いなく、個々において、自分に合った場所で、自分の好きな生き方で、他と共生しながら自由に生きる……。

それが本来の、大自然のルールに沿った生き物の姿であるといえるのかもしれません。


しかし、これまでの夜の時代は、個々に合った全方向の生き方はできなかったのです。その理由を考えてみましょう。

夜の時代の文明の意図は、低物質文明を造り上げることでした。そのために個々が自分のやりたいように好きなことだけをしていては、建造物ひとつでき上がりません。支配者が定めたルールのもとに、決まった時間に集合して、決められた仕事をする。そのレールの上に乗って生きることが正しいことだと信じさせられてきました。本来の大自然のルール、つまり全方向で自分に合った自由な生き方というものは、夜の時代においてはほぼできず、個々の持つ個性は矯正させられていた世の中でした。

そのような生き方を、「**一方向性社会**」といいます。誰もがこの暗黙のルールのもとに生きていたのです。

実際、戦争が絶えない時代でしたから、国を守る兵士や防衛のためのインフラを作る人々がいなければ、即、国土は侵略されるのが常。そんなことをしたくないからといって支配者の言うことに従わないと、支配者から罰を受けるか、兵士が弱ければ、国ごと他国の別の支配者に武力で滅ぼされるか、だったわけです。

ゆえに男性の生き方は、国や君主に忠実に生きる生き方が正しいとされてきたのです。

たとえば、万里の長城という巨大な建造物を国の防衛のために造る、と支配者が思い立ち、人々に命令した時のこと。命令されたことに従い、苦労を厭わない人間たちが、朝8時に集合して夜遅くまで協力し合い、力を合わせて働いたから、あのような巨大な壁ができ上がったのです。敵に攻め込まれたとしても、武器を持って戦う兵士がたくさんいたから国は守られ発展し、自分たちの生活も安定していくと知っていたのでしょう。

夜の時代の終末期の近代、日本人は特に戦争は身近なものではなくなったとしても、武器や鎧は、背広やネクタイに切り替わり、多くの男性はビジネス戦争の中に身を投じてきました。強く生き残るために、良い大学に行き、良い会社に入ることが、男子にとっては〝良き人生〟のレールに乗れることだと、20年前までは当たり前に思われていたことです。

女性も同じです。女性の幸せとは、結婚し主婦になり、子どもをたくさん産んで「良妻賢母」と言われることであり、それが鏡とされていました。

最近では、さすがにそういう価値観は薄くなってきていますが、それでも一方向性社会のルールの残滓は、地球上にいまだ色濃く残っているといえるでしょう。

人々は皆、洗脳され矯正させられていた

時代的に致し方なかったとはいえ、夜の時代の一方向性社会というのは、本来の自分から矯正がかけられていた時代だったといえます。

大自然に生きる生命体は、本来、皆、自由です。人間もその一部なのですが、〝信じて従う〟夜の人種は、支配者から「陸をのしのしと歩く巨大な象が、国にとっても優秀なエリートでもあり戦士でもある優れた生き物だ」と言われてきたようなものです。そして象になればもてはやされ、良い仕事にも就けて、良い地位にもお金にも恵まれ、生涯安泰だというイメージを人々に植え付けてきました。

自然界の生き物は、象だけではなく、多種多様な個体が生きています。しかし、トップダウンの支配者の言うことを信じて従わざるを得ない生き物たちは、海の中のイルカでも、空を飛ぶカモメでも、草原で生きるキツネでも、皆、象になること、それがしあわせだと信じて疑わなかったのです。しあわせになるために、象になる努力を一生懸命していくことが、当たり前

の社会構造であり精神構造だったといえるでしょう。

そのために、小学生から義務教育として、一方向性社会における優秀な象を目指して、「洗脳」という名の教育を受けて育ってきたのです。

本来、イルカもカモメもキツネも、生きる場所も、しあわせになる生き方も、象とは確実に違うわけですから、どんなに努力しても象にはなれません。

ですが、夜の時代は、国や環境、親、偉い人の言うことを信じて従うという、一方向性社会が暗黙のルールとして誰の中にも染みついていました。そのため、周囲の期待に応えようと、否が応でも象になるためにイルカもカモメもキツネも頑張る。でもうまくいかないとなると、今度は結婚し、自分の子どもに象になるための教育という〝矯正〟を一生懸命に行っていたのです。

夜の時代の意図を促す「神」という名の存在

では、なぜ、人々にとって矯正がかけられるルールが延々と成り立ったのでしょうか？

先にも述べたように、物質社会を造り上げるには、皆が好き勝手な方向性を向いていると、成し遂げることはできませんでした。

ここで大切になってくるのは、人類の存在や時代、文明の変遷という大きな流れを考えた時に、外すことのできない要素となる、**「神」**という名の存在です。

ひとつの潮流へと人類を導く巨大なエネルギーとでもいう働きがあるということを、切り離して考えることはできないのです。


夜の時代の一方向性社会において、ルールを作り、物質文明を造るための意図を持ち、支配者を含む全人類をコントロールしてきた「神」たちの存在がありました。

２５００年前に桔の昼の時代が終わると、切り替わるように、王となる人間たちに信号を送り始めたのは、夜の時代の担当神として切り替わった「神」たちでした。

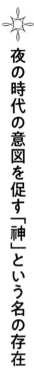

宇宙人生理論では、「神」と「神」の字をあえて別にして表しています。私たちの地球人類を担当している「神」は、マルチバースの大宇宙全体に膨大に存在している神々から見れば、それほど上位の神ではないのです。

「神」とは、まったくの無から有を創造した神のことです。たとえば、宇宙そのものを創り上げた創造主としての神は「神」ですが、地球の人類を担当している「神」は、大本の神が創造したものを壊したりアレンジしたりして、新たなものやルールを創造し、人類担当の親として、コントロールしている「神」なのです（79ページ表参照）。

夜の時代では、「神」があたかも「神」のように人々の上に君臨し、物質文明を造り上げるよう人間を導いていました。そして、信じて従わせ、人間に言うことを聞かせるため、神は信号を送り、「こうすると神から恵みを受けられます」と言っては、**魂からの信号ではなく、神や外部からの信号で動く〝精神〟構造を、人類に植えつけてきたのです。**

この精神性に素直に従えたのは、夜の時代の人種は魂年齢が幼いからともいえるでしょう。

さらには、昼の魂を持つ人種でも、魂がまだ目覚めておらず、夜の時代を生きた先祖たちの信号によりコントロールされたままの状態だと、その精神に従ってしまうのです。

どちらの場合も、社会的に権威や権力のある人々や支配者、大きな会社や組織の偉い人、または宗教や教祖、見えない世界や高次元から来るチャネリングなどの情報をすぐに信じて従い、思考停止して盲目になってしまっている状態といえます。それでは、〝見極める〟という視点を持てないのです。

明らかに「夜の人種」である人々は、夜の価値観のもと、嘘騙しと、信じて従う世界の中で物質文明を発展させるために地球に生まれてきています。

これまでの夜の時代というのは皆、魂が幼いか目覚めておらず、盲目な状態。物理的なものは見えていても、実際に人々は何も見えていなかったのです。「一寸先は闇」ということわざがあるように、自分のことも社会のことも将来のこともわからない。そんな盲目状態だったからこそ、「神にすがる」精神で、不安を解消してくれる「神」や人や、ものごとを求めたのは想像に難くありません。

そして神も、霊能者や巫女などを使い、「神からのメッセージ」を伝えることで、人々を従わせてきたのです。

衝撃の真実! 夜の時代を造り上げた「大本」の正体

じつは、神の中には、夜の時代の物質文明を造ることを目的に、地球に影響を与えていた神がいます。その存在こそ、夜の時代のルールである、信じて従わせる「一方向性社会」を築き、搾取・収奪構造を築いた「大本」です。

夜の時代において、名のある宗教が始まるよりも以前から、人類は「**太陽**」を神として崇拝してきました。

宇宙人生理論では、外・宇宙や、内・宇宙、銀河系、太陽系に住む神々はたくさんいるとしています。地球に住む人類が進化して初めに行き着く神は、太陽に住む「**尊神**」だといわれているのです。

ゆえに、人類は昔から太陽を〝神〟とし崇めていました。太陽信仰から、地球上の全宗教は発展してきたのです。その証拠に、世界中で太陽神はたくさん見受けられます。

たとえば、エジプトの太陽神ラー、インドのスーリヤ神、古代ローマのミトラ神など……。

そして、ここ日本では「アマテラス」（天照大御神）。

これら太陽信仰の「尊神」こそが、夜の時代の文明を造り上げるために、大本の〝電波塔〟となって世界に信号を送り、人々を信じて従わせ、コントロールすることで一方向性社会を築いていたのです。

夜の時代の人々の多くは、まだ魂も幼く精心的な進化はままならないため、自分で自分の魂からの信号に気づけるような時代ではありませんでした。生きる上で大事だったのは、正しい方向性を指示してくれる、神への信仰であったり、支配者や上の人々の言うことを信じて従っていればうまくいくという考え方だったわけです。

暗く苦悩の多い夜の時代だからこそ、地上を照らす太陽のような、偉大な〝神〟という存在や神話が、人々の心には長いこと必要だったのです。

しかし、夜の時代が終わり、転換期を迎えた今、大本である太陽神アマテラスは地球を卒業していきます。人間と同じように、神であれ宇宙であれ、すべては進化していく生命です。ですから、大本のアマテラスを筆頭に、夜の時代のルールを造り上げた神々たちは、次のステージへとすでに進んでいるのです。

人は神の位置にシフトする

7京年の新たな宇宙プログラムにおいて、神も神も人間もステージは変化します。

左ページの表にあるように、人は神の位置へ、神は神の位置へ、そして神は大神の位置へと、それぞれレベルアップします。アマテラスや他の神たちは、夜の時代での役割を終え、次の役割があるフィールドに到着していることでしょう。

次なるステージは、この太陽系ではない別の銀河系、あるいはワワ・ヨ宇宙ではない、まったく別の宇宙かもしれません。

すでに始まっているこれからの宇宙のプログラムでは、人間はこれまでの神の位置へとレベルアップして、神から地上に与えられていた、さまざまな物質として有るものを壊したり、ア

新たな宇宙のプログラムによる神と人間のステージの変化

	これまでのプログラム			これからのプログラム	
			大神	神は大神の位置へとレベルアップ	
神	無から有の創造主		神	神は神の位置へとレベルアップ	
神	有を壊したりアレンジして新たなものを創る創造者		神	人間は神の位置へとレベルアップする	人間は神が担当していた「創造者」となる
人	神が楽をする為の、召使であり奴隷		ロボット AI	これまで人間がやっていた労働はロボット、AIに変わる	

これまでの時代、人間は、神の奴隷の位置で生きることを強いられました。
この苦しみの人生の中で、生み出してしまった因果律（第2章参照）に基づき
人生を生きるしかありませんでしたが、
大宇宙のサイクルが大きく変わることにより、これまでの
「神」が担当していた「創造性」というものを与えられる位置にレベルアップしたのです。
これからは、この創造性を如何なく発揮して、持ち越してしまった罪状を転換し、
伸ばし所を大いに伸ばし、自由に生きていける時代に突入しようとしているのです。

レンジして新たなものやルールを造る「創造者」となっていきます。そして、神が楽をするための召使であり奴隷であった、これまでの人間の役割を、ＡＩやロボットが行うようになっていくのです。その兆しはあらゆるところで垣間見られています。

それゆえ、人間は今までのように信じて従い、支配者の命令のもとに生きるのではなく、魂の目的のもと、自由に未来を創造し、人生を豊かに楽しむための「創造性」を発揮していくことが大事になるのです。

実際、すでに古い価値観やこれまでの働き方、システム、さまざまなものが崩壊し機能していないことも増えています。古き概念に固執することなく、新たな文明の礎を創造者として一人ひとりが創造していく時であり、それができないと、生きにくい時代となっていくのです。

神社仏閣に以前のような神はいない

夜の時代の多くの神々もレベルアップしているため、鎮座していた神社仏閣には、もう神はほぼいません。それぞれが役割を終えたからです。いま神社仏閣にあるのは、エネルギーを録音したレコーダーのようなものが残っているだけ。私たちが神社仏閣へ行くときは、レコーダーを再生しているようなものなのです。ですから、そこに本来のエネルギーはもう残っていません。

これまで人間は、〝神頼み〟として神や先祖に手を合わせてきました。それはまさに、夜の時代においては機能した、〝夜の時代のしあわせ〟になるためのひとつの手法であり価値観でした。

しかし昼の時代においては、神社仏閣に行き、自分のことのみを、社《やしろ》に向かい願ったり祈ったりすると、神が抜けた後に居座る、よからぬエネルギーと共鳴し、憑依されないとも限りません。

昼の時代は、神や先祖といった自分の外部に「社」を求めるのではなく、自分の魂が目覚め、そこからの信号をキャッチして生きていく時代です。常に自分の内に社があり、魂からの信号を直通で受信して、それを信頼し生きていく……。そんな時代といえるのです。

もちろん、神社仏閣を訪れるのは自由ですし、行ってはいけないなどと言っているのではありません。森林浴も兼ねた趣味だという人もいらっしゃることでしょう。ただし、これまでの御参りや願い方は、夜の時代の価値観であることを知った上で各々選択することが大切になります。

アマテラスという電波塔から放たれていた「素粒」

大本である太陽神、日本ではアマテラスが、一方向性社会のルールを造り上げ、夜の時代の文明を築くために必要な信号を送っていたとお伝えしましたが、どのように信号を送っていたのでしょうか。

それは例えていうと、電波受信のようなものです。一人ひとりがテレビ局の電波を受信するテレビだとしましょう。テレビの電波は、大本の電波塔から各家庭のアンテナで受信しテレビ番組を見ることができます。それと同じで、夜の時代の人々は、大本の電波塔から送られてくる夜の時代のルールのみを受信し見続けていたようなものなのです。

電波塔から神の意思として放たれていたものを、宇宙人生理論では素粒子よりも微細な「**素粒**」と呼んでいます。素粒子を生み出す親という意味です。

この素粒を数字で表すと次ページの表のようになります。

数の単位を小さくしていくと、一、分、厘、毛…となり、乗数では「10のマイナス０乗から10のマイナス７乗（繊）」までが分子レベルを表します。さらに原子レベルは「10のマイナス８乗（紗）から10のマイナス12乗（漠）」、そして素粒子レベルは「10のマイナス13乗（模糊）から10のマイナス19乗（六徳）」です。

その次の単位が「素粒」となり、「10のマイナス20乗」の「虚」から始まり、もっと小さな「10のマイナス23乗（浄）」までが地球上に存在していると、宇宙人生理論では説きます。

この**「虚」という素粒**。この素粒の働きにより、**夜の時代の〝嘘騙し・信じて従う〟という生き方の方向性を、先祖代々、電波塔から受信していた**のです。その結果、人々はその意向に従って生きていたわけです。

その微細な素粒を送っていた大本の電波塔が、アマテラスなどの太陽神だったということです。

数の単位

乗数	単位	読み		単位	読み	
10^{-0}	一	イチ	分子			物質＝肉眼では見えない
10^{-1}	分	ブ		d	デシ	
10^{-2}	厘	リン		c	センチ	
10^{-3}	毛	モウ		m	ミリ	
10^{-4}	糸	シ				
10^{-5}	忽	コツ				
10^{-6}	微	ビ		u	マイクロ	
10^{-7}	繊	セン				
10^{-8}	紗	シャ	原子			
10^{-9}	塵	ジン		n	ナノ	
10^{-10}	挨	アイ				
10^{-11}	渺	ビョウ				
10^{-12}	漠	バク		p	ピコ	
10^{-13}	模湖	モコ	素粒子			光をつくっている材料＝神をつくっている
10^{-14}	逡巡	シュンジュン				
10^{-15}	須臾	シュユ		f	フェムト	
10^{-16}	瞬息	シュンソク				
10^{-17}	弾指	ダンシ				
10^{-18}	刹那	セツナ		a	アト	
10^{-19}	六徳	リクトク				
10^{-20}	虚	キョ 天照大神の本体、働き	素粒			思考の元原料＝目的
10^{-21}	空	クウ				
10^{-22}	清	セイ				
10^{-23}	浄	ジョウ			地球上で使うのはここまで	

時の権力者や、現代でも多くの社員を抱える企業の社長は、太陽神が鎮座する場所に出向き、祈りを捧げることを好みます。日本でも、アマテラスを祀る伊勢神宮に、総理大臣が毎年新年に参拝しますよね。確かに、そういった場所に行くことで、これまでは多くの人々を動かし、同じ方向性へと向かわせるだけのパワーを得られるという実感があったのでしょう。太陽神に参拝することでエネルギーをもらい、国や国民を思うように動かして事業や企業を発展させたいと考えるのは、自然なことだったのかもしれません。

しかし、膨大な力を持って国民を動かしていた本体の太陽神アマテラスは、今はもういないのです。それにより、人々を一方向性社会へと向かわせる力は著しく衰退しているといえるでしょう。

素粒エネルギーを消すのは、自然界の仕事

夜の時代の文明社会を造った大本である太陽神が卒業したものの、夜の信号である素粒の微粒子の残滓は、まだ空間中に残っています。しかし〝残滓〟なので、一方向性社会が機能しな

くなっていることは、多くの人々が実感しているのではないでしょうか？

日本の太陽神アマテラスを、いまにも崩壊しそうな夜の会社の社長だと例えてみましょう。左ページのイラストをご覧ください。一時代を築いた夜の会社も倒産し、ビルごと崩れる寸前。すでに社長は崩れるビルから逃れていますが、中にはまだ取り残された社員が大勢います。崩壊した夜の会社から逃げ、昼の時代の社長が就任する新築ビルの昼の会社へ再就職するかどうか。

こんな環境のシフトが、今、起きています。

昼の会社では、社長が変わるわけですから、経営方針も働き方もまったく異なります。もう夜の会社の一方向性社会に戻ることはありません。

夜の会社の崩壊寸前のビルを含め、夜の時代の素粒エネルギーをきれいにすべて消し去ろうとしているのが、自然界です。

84ページの表にあった「虚」や、それよりもさらに微細な「空」「清」「浄」という夜の時代の人々の意識に影響していた空間上に存在するものは、巨大台風や津波、豪雨、地震、雷、異

夜の時代の神の環境から昼の時代の神の環境へのシフト

常な暑さや寒さなど、自然界のエレメントでないと浄化できないといわれています。

加えて、夜の時代では眠っていた地球そのものが「于由の光」を浴びる昼の時代に入り、目覚めてきています。

これまでの夜の時代は、地球そのものが眠っていたので、人間がいくら好き勝手に、鉱物や鉄、石油、石炭といった地球内部にある資源を掘り出し搾取していても、かつ自然環境を著しく破壊し、水や大気を汚染しても、黙認していたのです。

しかし、地球が目覚めてきた今、地球は生命体としての意思を反映し始めています。人間が、自分たちの欲《よく》得・利益のためだけに大地を荒らし、傷つけ、汚染し、奪い続けた満身創痍の状態に、地球は気づいているのです。

地球から見れば、人類はまさにガンそのもの。記録的な異常気象や地震などの自然災害には、地球が本来の健康な状態に戻そうと、必死で武者震いを起こしているのかもしれません。

本来の姿に戻そうとする地球の意識は、今後も強く働くでしょう。目覚めた自然界に人間は刃向かうことはできませんが、この流れは、昼の時代という新たな文明に向かう上での、古き価値観や観念、そこからの文化文明の遺物を、地球規模で浄化し昇華していくための事象だとも理解しておく必要があります。

目覚めた地球とともに昼の時代へと移行できるよう、私たち自身も新たな選択をし、シフトを促されています。どんな変動が起きてもおかしくない時なのですから、**昼の時代の文明を迎える準備を、今すぐに始めることが大切**なのです。

ウイルスの本来の働きとは

２０２０年はコロナウイルスの出現により、一夜にして〝疎ましき悪しきモノ〟となったウイルス。果たして、本来のウイルスの働きとは何でしょうか？

じつは、**ウイルスは「神」と連動して働いています。**

それは、神が意図した環境の変化に生命体を環境適合させ、種として生命を保存し、進化を促すための媒体となる働きです。ウイルスというのは人類を含め、生命体が存在する上で、切っても切り離せない役割を担っています。

人間の思考を司る基本信号の変化の経緯

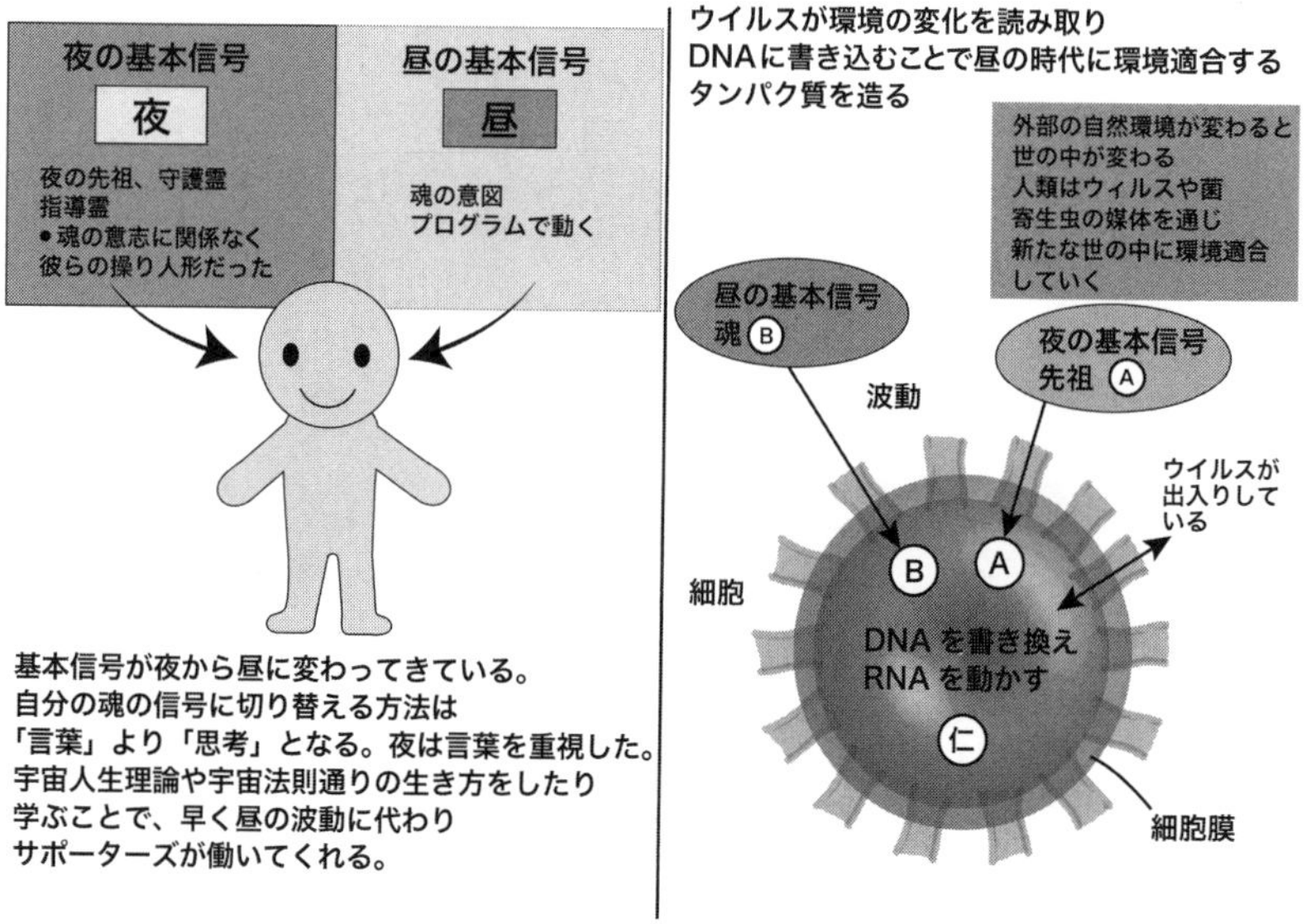
夜の基本信号
夜
夜の先祖、守護霊
指導霊
● 魂の意志に関係なく
彼らの操り人形だった
昼の基本信号
昼
魂の意図
プログラムで動く
基本信号が夜から昼に変わってきている。
自分の魂の信号に切り替える方法は
「言葉」より「思考」となる。夜は言葉を重視した。
宇宙人生理論や宇宙法則通りの生き方をしたり
学ぶことで、早く昼の波動に代わり
サポーターズが働いてくれる。
ウイルスが環境の変化を読み取り
DNAに書き込むことで昼の時代に環境適合する
タンパク質を造る
外部の自然環境が変わると
世の中が変わる
人類はウィルスや菌
寄生虫の媒体を通じ
新たな世の中に環境適合
していく
昼の基本信号
魂 B
夜の基本信号
先祖 A
波動
ウイルスが
出入りして
いる
細胞
B
A
DNA を書き換え
RNA を動かす
仁
細胞膜

現在、于由の光が地球を照らすことで、「夜の時代から昼の時代へと、価値観や認識、あらゆることが180度大きく切り替わる時」を迎えています。そういった環境のシフトを読み取って、人々がこれからの高度精心文明となる昼の時代の環境に適合した、思考や行動、それに伴う肉体へと適合するように、さまざまなウイルスは常に私たちに影響を与えているのです。

右ページの図のように、ウイルスは細胞膜にある14の門から細胞に出入りして、DNAの設計図を書き換えています。そうして、昼の時代に適した脳細胞や臓器に適合したタンパク質に作り替えるよう、RNA（リボ核酸）を促しているのです。

現在、何となく体調が悪いと感じている人が多くいます。医療機関で診察しても「問題ない」といわれてしまう。もしかしたら皆さんの中にもいるかもしれませんね。

もちろん、各々の考え方や生活習慣から不調が起きていることもありますが、過渡期の今は、夜の時代の環境の波動に適合していた肉体から、これからの昼の時代の環境の波動に適合していくために、肉体も細胞レベルから徐々に切り替わっているため、何となく体調が優れないというケースが多いのです。

宇宙人生理論では、ウイルスという存在を人類の敵とだけ見るのではなく、人類に及ぼす影響がどのようになっているのかを、これまでの夜の時代の医学の認識をはるかに超えた、宇宙的な観点から研究しお伝えしています。

それが、左ページの表です。

人間の構造というものを宇宙物理の高度な視点から研究していたマスターは、生前よく「**現代の科学や医療でわかっていることは、例えていうのなら、せいぜい〝人間の足の親指の爪のことがわかった〟程度であって、〝人間のことがわかった〟のではない**」と言っていました。

実際ＤＮＡにしても、人間や生命についてのことはまだ、本来の１％も解明されていないのかもしれません。多くの分野において、特に人間や宇宙、生命に関すること、科学や過去の文明においても、調べれば調べるほど、まだまだよくわかってはおらず、未知のほうが多いといわざるを得ないのが、現代文明といえます。

昼の時代になれば、これまでの学術の前提さえも覆す、新たな発見と解釈が生まれてくるようになるでしょう。ウイルスの働きについて左ページの表に記したように、ウイルスが人類にとって悪しきもので、ウイルスと戦い駆除しなければいけない存在という前提が薄れた時、人

宇宙人生理論の見地から見た ウイルスの働きとは

ウイルスとは、これから人類が昼の時代に向かう上で、私たちの、これまでの意識や肉体を夜から昼へと改善し環境適合するために宇宙自然が、地球上に用意してくれたものなのです。地球上にも宇宙にも蔓延しています。

ウイルスにより感染して、発病するかしないかは、また、別な要因となります。

ウイルス名	目的・ねらい
インフルエンザ	冬にかかり、夏に同化する。夏の熱射病を防ぐ働き。発病すると依存や執着の気づかせ。一方向性社会では、人々の思考が鈍感になるような働きをしていたが、徐々にいろいろなことに気づき、敏感になるウイルスが組み込まれている。
日本脳炎	夜の時代の思考から、昼の時代の思考へと転換している。
SARS（サーズ）	夜の時代の言葉から、昼の時代の言葉を発するよう促す。
C 型肝炎	現代人の体内には、かなりの化学物質が入っている。自然に取り入れた脂肪は正常に働くが、科学的に作った脂肪は体内で分解できない。これらを出さないと一気に老化が進む。それを出すのはウイルスの働き。異常な動物性脂肪を正常に変える。
エボラ	夜から昼の肉体に変換する上での体質改善、食欲低下。50 年後は 500 キロカロリー、500 年後は空気だけ吸っても生きられる。
ガン	食品や化学薬品を身体に入れても、可能な限り害にならないように、体内で同化させる働きをしている。さらに血液が腐らないように浄化作用の働きもしてくれている。感染症による敗血病がガンウイルスにより減少した。
エイズ	地球の人口に関係する。地球が人類を養える基本的な人口は 30 億人とされている。宇宙自然がすでに、地球上の人類すべての人々に組み込み済み。エイズウイルスで少子化の方向性へと向かわせている。
エイズ１型	精心的変化　異性に対して昔ほど興味がなくなり、結婚しない、子どもは欲しくないというセックスレス夫婦の増加。
エイズ２型	肉体的変化　男性の精子減少や元気のない精子が増え、女性は、妊娠しにくい子宮へと変化をさせている。 ＊ちなみに、地球が人口増加を望んだ場合、宇宙自然は、エイズウイルスに対抗するウイルスを地上に発生させる。

間よりもはるか太古の昔から存在している微生物の真なる働きが見えてくるのかもしれません。

ウイルスだけではなく、その他の微生物も、常に**環境適合**のために働いています。ここで、宇宙人生理論の観点から、その働きも少しお伝えしましょう。

細菌は、主に酵素を作り、糖鎖の組み換えを担当。夜の時代の肉体を浄化しています。そして、昼の時代に対応するエネルギーの養分を生成。私たちの肉体に必要な養分を届けてくれます。

寄生虫は、臓器や内部器官の毒素を浄化しています。加えて、昼の時代の〝精心〟をコントロールする働きがあります。

人類がこれまでの夜の時代から意識・思考・肉体を改善し、新たな時代の環境に適合できるよう宇宙自然が用意してくれたものが、ウイルスや菌です。ですから、本来は私たちにとって、なくてはならない存在なのです。

その観点からすると、過度にウイルスを恐れ除菌をしてしまうと、時代への環境適合を妨げることになってしまいます。

ウイルスや細菌、寄生虫が思考を変え
肉体を夜から昼用に変えている

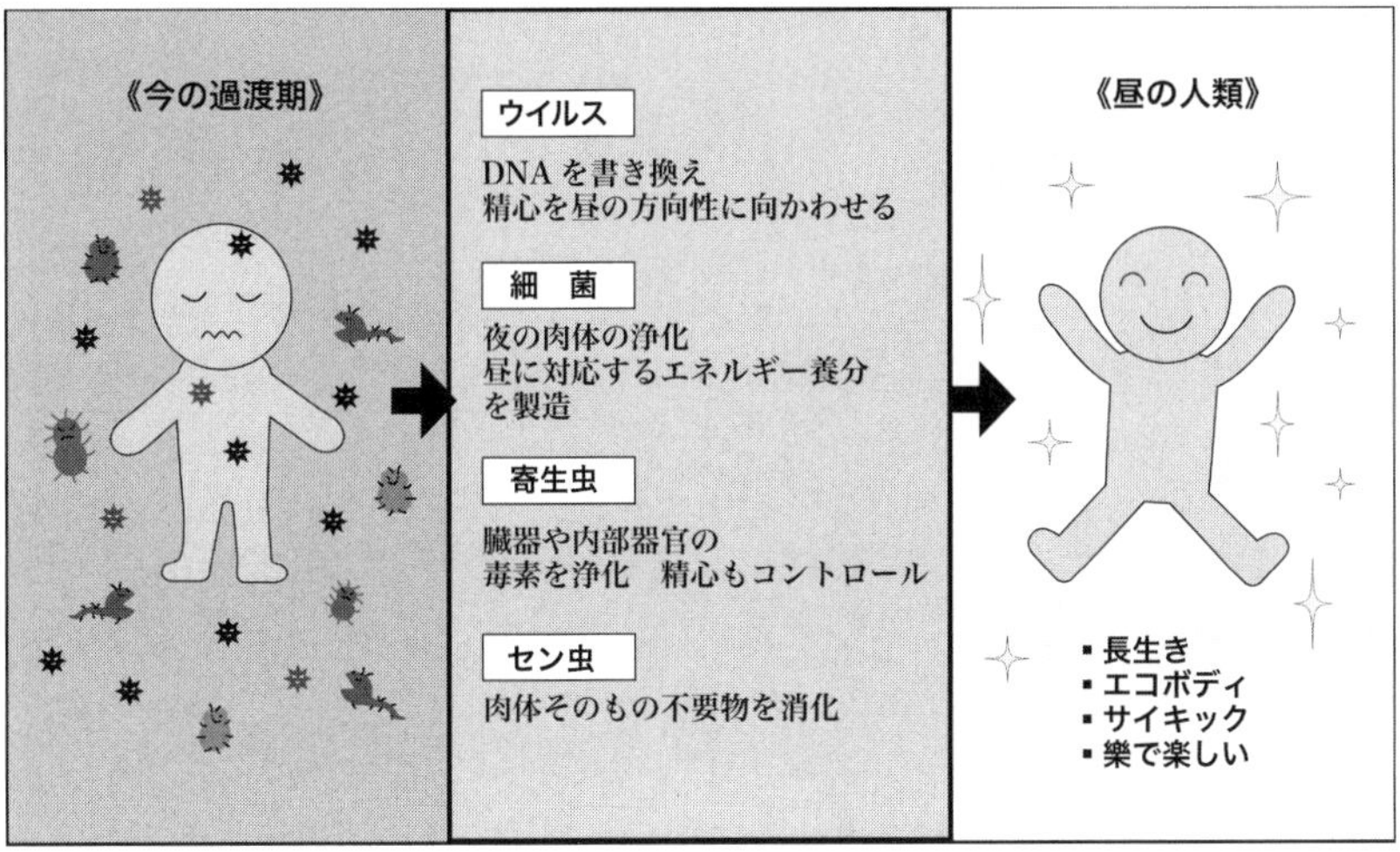

子どもの頃、外で遊んで、地面や土に触れていましたよね。そうして、私たちは自然界に存在する菌を体内に取り込んでいたのです。

私たちの肉体は、微生物やウイルスにより、必要な免疫力をつけ、健康な体を維持してきました。同時に、私たちの意識も環境適合できるように、ウイルスは常に働きかけているのです。

「コロナウイルス」の真実

100年に一度といわれるコロナウイルスによるパンデミックが起きた2020年。

私は過去に医療分野に携わっていたこともあり、今も信頼を寄せるドクターたちとやり取りし、情報を得ています。

そうしてわかったことは、コロナウイルスが原因で亡くなった死者の正確な数字はわからないということです。というのも、コロナウイルスに感染して亡くなったとされる方々の中には、持病を患っていた方がいるからです。

日本の著名人でも、コロナウイルスが死因と報道されている方々もいますが、よく調べたら実際は持病を抱えていたといいます。もともと持病がある方が、風邪をひいたことで病気を誘発し死に至ることはありますから、今回のコロナウイルスでも充分にあり得る話です。

もちろん、コロナウイルスを発症し、免疫力がないために死に至った方もいるでしょう。感染したけれど発症しないで抗体ができたと思われる、または発症したけど治ったというのは、風邪をひいたけど治ったのと同じこと。

これらは、医学的な認識でとらえた、コロナウイルスの見解です。

では、宇宙の視点から見たら、どうでしょうか。

繰り返しになりますが、今は夜から昼へと、時代の大転換期を迎えています。これからは昼の時代の文明を築いていく「昼の人種」が生きる時代。本書を手にとっている皆さんや、宇宙の真実を自ら探求している方々は、おそらく昼の人種の魂を持って生まれているのでしょう。

今はまだ、医療や教育、経済などいろいろな分野で、夜と昼の攻防合戦が繰り広げられています。ですから、宇宙のサイクルどおり順調に、昼の時代へ進めたい宇宙と地球の意思によって、夜と昼の人種の〝振り分け〟が起きていると考えられるのです。

今回のコロナウイルスは、夜の人種の方々に、今生での役目を終えてお還りいただくという目的があると、宇宙人生理論ではとらえています。そういう意味で、亡くなられた方は、もともとの寿命を迎えられたともいえるのです。

感染したからといって、夜の人種であるとは限りません。本来は昼の人種であるにもかかわらず、夜の時代の文明にどっぷり浸かっている、または神や先祖からの信号に頼っているなど、まだ寝ぼけたままで昼の時代への準備ができていない人に対して、〝気づき〟のためにもコロナウイルスは働いています。

さらに、自分が抱えている「罪状」に気づき、転換するためのきっかけになっている人もいます。罪状については第2章で詳しくお伝えしますが、簡単にいうと、宇宙の法則である「因果律」が働いていると考えられます。それは、原因と結果、蒔いた種は刈り取るという絶対的な法則です。「カルマ」「因果応報」ともいわれていますね。

今回のコロナウイルスによって自分の奥深くにあった恐れや不安が膿出しのように出たり、実際にコロナウイルスが原因で仕事を失った人もいるかもしれません。

だとしても、大事なことは何か不都合が起こった時の感情や反応、行動のパターンに自分の罪状が内包されていると、まずは気づくことにあります。

これまでも不都合があるたびに、感情に巻かれ、自分を信頼することもなく、テレビやメディアの情報を鵜呑みにするだけ。周りの状況に常に流され、不安になって恐れるだけで行動もしないため、自分の可能性を潰していたのかもしれないという罪状に気づき、昇華するチャンスであるかもしれないのです。

この宇宙で起こるすべてのことには意味があり、たとえそこに浅はかな人間が介在して意図的にコロナウイルスが撒かれたものだとしても、原因と結果の因果律から俯瞰して見れば、地球と人類、国家間、そして一人ひとり個々においても、起こるべき必要なことが起こっています。そして、そこから気づいていくことで、必ずすべて善きことに転換されていきます。

今は、不安や恐れという感情だけに引きずられず、何のためにコロナウイルスによるパンデミックが地球規模で起こっているのかを見極める時といえるでしょう。人々の目覚めと魂の進化、罪状の昇華、軌道修正、昼の時代の新たな道へ進むチャンスとして、大いなる宇宙と魂の意図を俯瞰して見る時だともいえます。

コロナウイルスが罪状昇華のひとつであると考えるなら、それは国レベルでの罪状も関係があります。感染発症者数が多い国、死者が多い国は、夜の時代の歴史の中で国レベルでの因果応報の刈り取りのために、コロナウイルスの影響を受けているといえるかもしれません。

このように、宇宙と魂の観点からすると、コロナウイルスとは、昼の時代に環境適合できるよう、私たち一人ひとりにとって、魂が目覚め、生き方のシフトチェンジを促す、世界的な事象といえるのです。

「ショック・ドクトリン」に惑わされない

今回のコロナウイルスにより、テレビやマスコミの情報を鵜呑みにして恐れを拡大している人と、情報を見極めて賢く判断している人の、大きくふたつに分かれたように見てとれます。

マスコミの情報を見ていると、「ここまで煽るか！」というほど。国民を恐怖に陥れて、わざとパニックを起こそうとしているかのようです。

これは、「ショック・ドクトリン」の一例といえなくもありません。

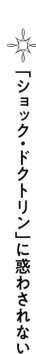

「ショック・ドクトリン」とは、２００７年に出版された、カナダのジャーナリスト、ナオミ・クラインの著書名であり、「惨事便乗型資本主義」とも訳されるものです。惨事を利用して、あらゆる手法で儲けを得る、資本主義の考え方を指します。

その資本主義の考え方とは、一部の支配者が利益追及や権力保持のために、市民の判断能力や抵抗力を奪う恐怖やショック状態となる状況を作り上げ、自分たちにとって好都合な社会に仕向けること。これまでの歴史を振り返っても、ショック・ドクトリンは当たり前のように行われてきたといえます。

たとえば、天安門事件、ソ連崩壊、アメリカ同時多発テロ事件、イラク戦争といった状態が挙げられています。

今のコロナウイルスの連日のメディア報道の仕方は、まさに、ショック・ドクトリン状態に陥るようにしているかのようです。

コロナウイルスをきっかけにパニックに陥らせ、パニックになった民衆に響くような政策を強引に打ち立てる。そして最終的には、闇の支配者組「ディープステート」のビックビジネスの傘下にある製薬会社が手掛けるワクチンの発売……。ここに結び付けようとしていると考えられるのではないでしょうか。

実際、その利権たるやものすごいものになります。ひとつのニュースの真相については、お金の流れがどこに行くのか、かつそれに誰が携わっているのかを見ると、裏側が浮かび上がってきます。

コロナウイルスに関するワクチンで、まことしやかに言われているのは、ビル・ゲイツ氏のマイクロソフト社が特許を取っている（特許番号WO／2020/060606）量子ナノチップなるものがワクチンと一緒に埋め込まれ、それが人体に入ることでひとりの人間のあらゆるデータが管理されることが可能だということです。

人間とインターネットが遠隔で操作できる技術まで開発されているのですから、まさに「人間ＩｏＴ」とならないとも限りません。ウイルスには効果はない上に、生態機能を狂わす可能性も否めないという、まさに支配者組が優生学の考え方を根底にしている人口削減か、徹底した管理社会システムに移行するためのワクチンとなる可能性もないともいえないのです。

もし仕掛けられたショック・ドクトリンに惑わされ、判断能力をなくし、我先にワクチンを、と思い打ってしまうと、私たちは今後自らの人生を選択する余地すら失うことになりかねないのです。これからは私たち一人ひとりが、権力やメディア、外の情報に惑わされることなく、いかに賢く〝**選択**〟していくかが、過渡期の今を生きぬく鍵となってくるでしょう。

夜の時代の支配者の策略を見極める

コロナウイルスがきっかけとなり、多くの人が「時代は確実に変わった」と実感していることと思います。

ですが、私たちは夜の時代の一方向性社会における洗脳教育をあまりにも強く受けてきたため、昼の時代の魂を持つ昼の人種の多くの人々も、本来持つ感覚に蓋をして、夜の時代の環境にむりやり適合させ生きているかのようです。

ゆえに、常にどこかで葛藤を抱え、

「本当に自分はこの生き方でいいのだろうか？」

「何かが違う」

「世間や環境に合わせることは生きづらい」

などの思いを抱え、本来やるべきことが見えない、またはできない状況のまま生きている人も多いといえます。

そんな中で起きたコロナウイルスは、大きなインパクトを与えるものでしたから、ここにきて、本当の自分に目覚め始めた人が増えているのも事実です。


夜の時代の構造では、権力を握る1％の人間たちが人類を支配し、富を牛耳ってきました。古くから「エスタブリッシュメント」と呼ばれ、それは強い権力を持った勢力が作り上げた社会秩序、社会体制を意味します。既得権益集団として、具体的には王侯貴族、ロスチャイルドやロックフェラーなどの金融、軍産複合体、エネルギー、メディア、司法、食品、製薬会社を牛耳っている人々を示します。

2020年のアメリカ大統領選で「ディープステート」、影の政府という言葉が一般にも広がりましたが、彼ら全世界の1％にも満たない人間たちが、世界の富の8割を持つとされ、一方向性社会を造り上げた夜の時代の神の恩恵を最も受けてきた人々、といえなくもないのです。

これまでの教育も政治も経済も歴史も医学も、世界の公の機関もすべて、彼らの思惑どおりの仕組みとなるためのものだったといえます。

夜の時代の地球の支配構造

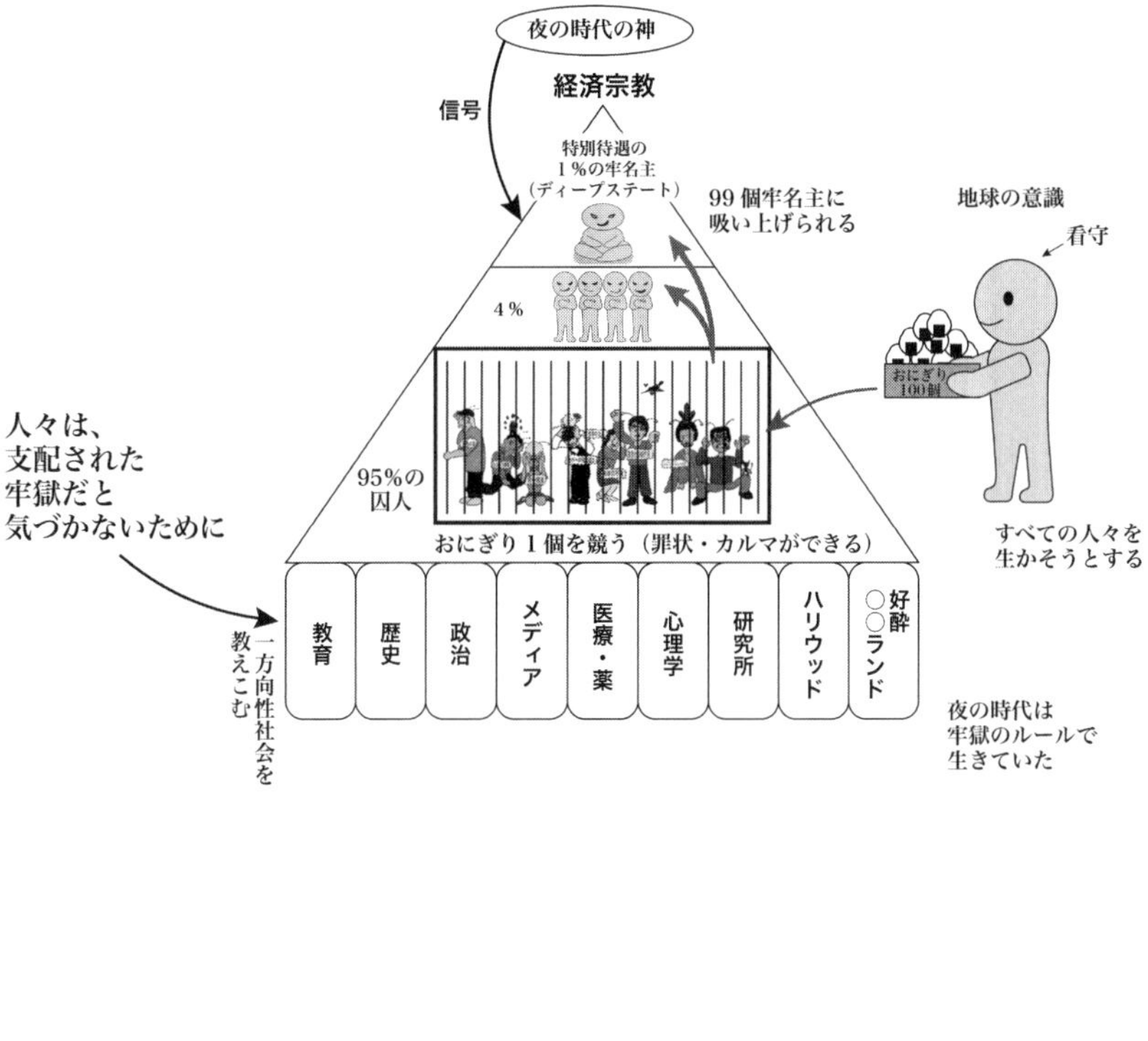

ディープステート側は、膨大な資産を持ち、知性も肉体の健康面も高く維持しています。あらゆる機関や研究所、シンクタンクを使い、世の中の流れを見て、人々の心理面への情報操作や印象操作、世の中の流れを作り出し扇動することなど、いとも簡単に行います。

過渡期の有象無象の情報社会の中では、いかに冷静にディープステートが仕掛けていることを見抜けるかが、大事になってくるでしょう。大多数の彼らの傘下のマスコミや、お金でつられ平気で虚偽の情報を流す、自称専門家や有識者も多くいるものです。

コロナウイルスにはじまり、これから第2波第3波として、ショック・ドクトリンを狙って、さまざまな有象無象の情報が、メディアを通じて流されることでしょう。ウイルスによるワクチンや薬で、ディープステートがどれだけの富を得ているのかを考えると、今後起こりうる流れは容易に想像できます。

「それって陰謀論でしょ？　真実ではないのでは？」と思っている人ほど、彼らの洗脳に深くかかっているのかもしれません。もちろん、世の中には陰謀論の情報もあるでしょう。とはいえ、すべてが陰謀論だと思っていると大きな間違いです。その中に真実や事実があることも、実際多くあるのです。事実、「陰謀論」という言葉自体が、人々が真相を突き止めようと、深入りさせないよう、ディープステートの傘下でもあったＣＩＡが作った言葉だともいわれています。

テレビや新聞しか見ないと、彼らの煽り報道や嘘騙しのフェイクニュースによって洗脳され、思考が停止していきます。そうなると、ディープステートの思うがまま。彼らにとって都合の良い情報に振り回され、言いなりになるだけの愚民となり、過渡期を生きぬく力さえも失ってしまいかねません。

アメリカ大統領選に見る人類進化の行方

今回の大統領選の構図は、徹底した共産主義の統一政府を目指そうとしているディープステート側と、中国共産党VS個々の自由や人権を認める民主主義・自由主義を守ろうとする、反ディープステートを掲げるドナルド・トランプ陣営との闘いだったともいえます。

ドナルド・トランプ陣営が闘った世界の影の支配者たちとは、これまでは国際金融資本家、グローバリストといわれるロスチャイルドグループ、ロックフェラーグループが有名です。彼らは代々「フリーメーソン」とも「イルミナティ」とも呼ばれ、人類の歴史上、何百年、いえ、その名前を持たない何世紀も前から常に人類の背後にいて、巧妙に世界と人々をコントロールしていた存在たちでした。現代の世界的な収奪型の社会構造を最も効率よく造り上げたのも、彼らです。

ジョー・バイデン氏は、ディープステート側の傀儡《かいらい》にすぎません。

これはイデオロギー的な闘いというより、「夜の時代の腐敗した支配者とその支配構造」VS「昼の時代の新たな自由への挑戦」でもあり、これからの時代の人類の覚醒をも左右した、重要な闘いだったといえるでしょう。

トランプ陣営の働きで、常に歴史の裏で糸を引き、長い年月、人類を支配していたディープステートの特徴といえた、巧みなプロパガンダとメディアでの嘘騙し、脅しと暴力で人々を搾取し、苦しめていた支配の構図が露呈したといえます。

最も崇高で巧みな支配とは、誰もが支配されているとは微塵も感じない社会とみせかけ、それでいて真綿で首を絞めるように、いつしかジワジワと搾取されている状況といわれます。現代文明に至っては、文明の当初から長いことこのセオリーがまかり通っていたのです。

では、一体なぜこのタイミングで、これほどまでの組織的な不正が明るみに出たのでしょうか。

その要因として、先に書いたように、**宇宙の自転が、宇宙の光が当たる昼の時代に入ってきた**ことが挙げられるでしょう。**宇宙の光は、夜の時代に隠されていたことや嘘騙しを明らかにしていきます。**光が当たるわけですから、夜の時代の暗闇に隠されていたことは隠し通せなくなるのです。

さらには、夜の時代を造り、人々を信じて従わせて支配してきた**神がすでにいなくなり、多くの人をコントロールする力がなくなっている**ことが挙げられます。これまでの支配者は、夜の時代の神の恩恵のもと、不正や汚職、賄賂など、どんな酷いことをやっていても隠し通せていたのです。しかし、神がいなくなれば、隠し通すことはできなくなります。

2021年1月20日の段階で、46代目アメリカ大統領はジョー・バイデン氏が就任となりました。とはいえ、トランプ氏は今回のアメリカ大統領になるだけではない、もっと俯瞰した人類の行方をも視野に入れた、5次元的な戦略を持って行動していたかのようです。

そこには、宇宙のどんな意図があったのでしょうか？

これからの人類に求められる三大特徴

そのことを考える上での材料として、これから訪れる昼の時代において、人類に求められる三大特徴をお伝えしようと思います。

私たちは、常に進化することを目的とした魂の存在です。夜の時代の地球は、幼い進化レベルの魂を持つ人類が多かった星でした。しかし、これからの昼の時代の文明は、**進化した大人の魂の人々が生きる時代**です。

そんな昼の時代に求められる特徴のひとつめが、**「絶対的自由」を得ていく**ことです。

現代社会において、誰もが「自由が欲しい」と願います。それを得ていくための条件として、**「自立」**が大前提になります。それは、**魂の目的のもとに立つ、**という意味での「自立」です。

じつは、**自由も自立も、その人の魂の進化度に比例しています。**

昼の時代では、人々の魂が目覚め、進化・成長していく度合いに応じて、自由度もまた上がっていきます。魂の進化度が幼ければ幼いほど、自分の感情処理能力も問題解決能力も低く、自立とは真逆の、人や社会に依存し、その結果、常に人や社会に振り回されてしまうという状況が起こりがちです。

もちろん夜の時代でも、そこそこ自由はありましたが、多くの人は1日のうち3分の1以上の時間を、生きるために会社や労職場で働くために拘束されていました。

その時間から解放されると、わずかな自由が得られましたが、それは絶対的な自由に比べ「条件付きの自由」です。いわば、犬が飼い主に首輪をつけられたまま、リールが伸びる範囲で得られる自由だったといえます。

いつまでも、国や政府、人や社会、誰か何かに依存するマインドの視点で生きていると、条件付きの自由は得られても、絶対的な自由は得られなくなります。

魂の目的のもとに立つ自立が前提となり、誰からも干渉されず、誰のことも干渉せず、我が道を行く。**24時間すべて自分の魂の時間で生きられるのが昼の時代**です。

ちなみに「3分の1の時間の法則」というものがあります。

1日のうち、

3分の1は、魂職を通じて、人や社会に価値を提供し循環を起こす時間。

3分の1は、自分の魂の進化・成長を促すための、学びや行動をする時間。

3分の1は、リラックスしたり、食事や団らん、睡眠を取る時間。


1日を、1ヵ月や1年に置き換えて考えてみてもよいかもしれません。

魂の目的のもとに自立をして、魂の進化・成長を促す中で、自らがエネルギーの起点となり、人や社会に価値を提供し良き循環を起こす。その結果、生涯、宇宙から応援されることを知っている、絶対的自由な人生。

それを宇宙人生理論では**「成幸《せいこう》」**といいます。


人類に求められるふたつめの特徴は、**「共生」**です。

夜の時代は、共生ではなく、収奪システムでした。しかし、本来、大自然の仕組みは循環システムで成り立っています。植物と動物の関係をみるとわかりますが、植物にとって不要な酸素を排出してくれるおかげで、その酸素を吸って人間も動物も生かされています。逆に人間が排出する二酸化炭素のおかげで、植物もまた生かされていきます。

このように、すべては循環することで、調和とバランスを取っていくのです。そして**自ら先に人や社会に循環を起こすことで「自然界の利益の法則」が働き、昼の時代の「恵財」**にも恵まれていきます。

３つめが**「霊的進化」**です。

私たちが日頃「進化」と呼んでいるものは、この霊的進化を指します。日々の思い、考え、行為、行動の結果を見て、軌道修正をして再選択していくことで、私たちの魂の進化・成長は促されます。霊的進化に重要な認識として**「因果律の法則」**というものがありますが、そのことは第２章で詳しくお伝えしましょう。

昼の魂を持つ人類が、これらのことを目指しながら、何かに依存するのではなく、自立し、自由で創造性に満ちた新たな文明の礎を築いていくことが、過渡期に生まれた私たちの役割のひとつなのかもしれません。

ドナルド・トランプ氏が残したものとは何か

先に書いた昼の時代の三大特徴を、昼の時代に移行する地球そのものが、人類に求めているとしたら、今回の大統領選の動きを読み解くと、ドナルド・トランプ氏が残したものとは何だったのでしょう。

それは、**一人ひとりが、これまでの夜の時代の収奪構造の仕組みから目覚め、依存ではない自立を、そして自由を獲得していくための知恵と努力と勇気を持つことを促した**ことではないでしょうか。

これまでの夜の時代では、印籠ひとつで悪を懲らしめる「水戸黄門」的なリーダーが人々に歓迎され求められてきました。

しかし、昼の時代に向かえば向かうほど、腐敗したこの社会構造から人々を救うのは、「水戸黄門」的な偉大な政治家やヒーロー的リーダーではなく、そういった人々への依存や期待を辞めた時から始まる、真の魂の成長と自立を目指し、一人ひとりが自らを救うのだ、という気づきを促すリーダーです。

トランプ氏とその陣営が取った行動と選択はまさに、人類を覚醒させるための人知を超えた5次元レベルの意図を投影した戦略だったといえそうです。

トランプ氏の背中からは、「自分はやるべきことはやった。ディープステートが構築した仕組みも明らかにして壊した。あとは、各々がしっかり気づいて行動してくれ。そのタイミングで次なるステージの展開が動き出す」といったメッセージを含んでいるように、私は思うのです。

もし、今回の大統領選で人々の期待に応えるかのように、トランプ氏が悪をひっくり返し大統領に再選したとしたら、人々はいつまでも夜の時代の発想と変わらない、自分たちを何とかしてくれる「水戸黄門」的リーダーを作り上げただけだったでしょう。

自分たちが変わることなく、依存し続けていく位置。それでは人類は何も変わらず、歴史は繰り返されてしまいます。

トランプ氏はこれからも、優れたリーダーとして彼自身のやるべき魂の役割を遂行していくことでしょう。それにより、一時はアメリカ、ひいては世界に混乱が起こることは予想されますが、真に人々の意識が目覚め、気づき、行動し始めるタイミングで、トランプ氏もまた新たな行動を起こすように思われます。そして、すでにそれは準備されており、人々の目覚めを待っているようにも思うのです。

その先に、昼の時代の高度なテクノロジーや、より良い社会システムの仕組みがお目見えしてくるはずです。

これからの時代において生きる上で大事になるのは、**一人ひとりの「気づき」と魂の「目覚め」**です。その目覚めた魂の目的のもとに立つという「**自立**」と「**覚悟**」。そのために**真の情報を見極める「感性」と「分析力」と「判断力」**。そして自分の状況と世の中の状況を把握し、何が善きこととなるのかを見出せる「**明晰性**」と、それを成し得ていく「**創造性**」。行動する「**勇気**」も必要となってくるでしょう。

今こそ、世界の水面下で何が起こっていたのか、さらに隠されていた歴史や世界の流れが、どう今と結びつきものごとが起こっていたのか、その真実や事実に目を向け、一人ひとりが目覚めていく時なのです。

宇宙人生理論から読み解く、２０２１年以降の世の中の変化と未来予測

宇宙人生理論では、この先の世界がどのように推移していくのかという未来予測もしています。

「起こることは、起こる」のですが、それがいつのタイミングで起こるのかということは、やはり、人類の覚醒次第といえるのです。しかし今、世界で起こっているさまざまな状況を鑑みると、次に挙げる予測・予言は、２０２１年から徐々に始まるといえるかもしれません。

１　政治・政治団体・制度の変化

２０２０年のアメリカ大統領選で炙り出された、闇の深かった政治世界。その牙城とでもいえるグローバリストたちにコントロールされ腐敗した政治の領域にメスが入るでしょう。それにより、芋づる式に関連していた政治家や政治団体、既得権益で成り立っていた制度が崩れ始めていきます。

その後に、本当に人々のための「聖慈」をする聖慈家が現れます。

2 官僚組織

グローバリストとの癒着でき上がっていた官僚組織も、これまでどおりにはいかなくなります。

3 世界経済・金融・相場・先物取引

世界経済のリセットは、いつ起こってもおかしくはないタイミングです。そもそも、これまでの金融や経済、相場は、グローバリストたちの思惑でコントロールされていた夜の時代の仕組みでした。昼の時代になれば、違った仕組みが提案されてきます。

4 大企業・中小企業

これまでの政治と癒着し、人や自然、環境のことは無視、利益だけを追求しようとする古き価値観の企業は、いくら大企業といえ徐々に衰退していきます。

5　宗教団体

宗教団体というのは、夜の時代においてのみ機能したものです。その背景も、じつは人々をコントロールし金儲けのビジネスとして動いていたことが晒されていきます。昼の時代になるにつれ、人々は自分の魂と繋がってくるので、外部の人や何かを信じて従い依存するということは、徐々になくなります。

6　働き方・サラリーマン・OL

企業が潰れだすと、雇われている人々は当然働き口がなくなります。過渡期においても、ただライスワークだけのために生涯雇われて働くということ自体、人々に苦しみをもたらします。昼の時代に近づき、徐々に自分の魂が目覚めてくると、魂の目的のもと自立したいと思う人が増えていきます。

7　芸能界・ショービジネス・お笑い・ギャンブル・賭け事・音楽・麻薬・酒・たばこ

これらは苦労や苦しみ、ままならない搾取が絶えない夜の時代には必要だった好酔《こうすい》でした。「好酔」とは、嫌なもの、見たくないもの、転換しないといけない罪状があっても、自分の内なる心を見るのではなく、外部の刺激で誤魔化し、蓋をして目をそらし、中毒とさせていくことができるもの。外部や物質のエネルギーに振り回され、我を忘れて酔っていくというのが好酔の定義といえます。

実際、芸能界の背景にある事務所やマネージメント会社が、政治や反社会組織と繋がっているケースが多いのですが、搾取と欲望が渦巻く闇深い構造だったものは消えていきます。

8 名誉・地位・階級・役職

昼の時代に移行すればするほど、こういったものに人々はあまり興味や価値を見出さなくなっていきます。そういったものに囚われず、自由に自分の魂の目的のもと、人や社会に価値を提供していく働き方にシフトしていきます。

以下は、もう少し先の時代になるとは思いますが、徐々にシフトしていくであろうことを挙げていきます。

9 製薬・利権健康ビジネスの終焉

現代社会は、薬が増える一方で病気も増えています。特に日本の食品は、海外では規制されているような添加物も認可されている現状です。支配者側の傘下にあるビックビジネスのひとつに、製薬や人工甘味料などの添加物があります。知らずに混入されている添加物を毎日長期的に摂取することは、不調の要因のひとつと考えられます。

生きていれば不調になることは普通にありますが、支配者は人々の健康よりも、自分たちの利益を生む巨大な利権ビジネスのことしか考えていないのでしょう。日常的に摂取するものを添加物だらけにして、不調が起きれば薬を飲んで改善しようとする〝洗脳〟に、人々はどっぷり浸かっています。その副作用でさらに体調がおかしくなるという連鎖に、多くの人が気づき始めれば、徐々にそういう仕組みを選ばなくなっていくでしょう。

10 フリーエネルギーの解放

本来、地球上にはフリーエネルギーの研究はたくさんされていて、エネルギーから医療分野においても、実用できる段階で特許を取っているものも数多くあるのです。しかし、本当に地球人類の役に立つものが普及することは、支配者のビジネスの邪魔になるため、これまで情報はオープンにはされていなかったのです。今後は、さまざまなものが解放され、その恩恵により、人々の生活は楽になっていくことが考えられます。

11 戦争・争い

先にも書いたとおり、夜の時代は戦争によりもたらされた文明でした。とはいえ、「今なお、なぜ戦争は繰り返されるのか？」と問われれば、哲学的な視点からいうと、どこまでいっても人類の支配欲とエゴ、愚かさゆえ。他の視点からいえば、単に支配者側の巨大なビジネスだからともいえます。

昼の時代になると、戦争や争いはなくなっていくのですが、ＶＵＣＡの今はまだ混乱は続きます。その後、徐々に地球や人々を傷つけていくような長期的な戦争は行われなくなり、人々を騙そうとするプロパガンダを使用する人間たちも徐々に排除されていくでしょう。

時間は多く残されていない

ＶＵＣＡ時代といわれる激動の過渡期を無難に抜け、昼の時代の文明へ移行するには、多くの人類がこれまでの背景に気づき、目覚めていくことが大条件となります。地球の隅々まで、昼の時代の文明の恩恵が行きわたるには、今から20年くらいはかかるだろう、というのが私の感触です。

今回のアメリカ大統領選を発端にした一連の攻防により、これまでの時代を支配し牛耳ってきたディープステートの、手段を択ばない、露骨であからさまなやり方を目の当たりにすることで、人々の目覚めは加速したように見えますが、まだまだテレビやメディアのみを信じて鵜呑みにしている情報弱者で、真実に気づけない人々が圧倒的にいるのも事実です。

あまりにも移行に時間がかかると、昼の人種であるのに、昼の時代を体験できずに肉体を去ることになってしまうかもしれません。それは、避けたいですよね。

それに、攻防合戦があまりに長引くと、目覚めた地球が黙っていないでしょう。人間がグズグズしていると、自然界のエレメントを総動員して、地球上すべてを水洗いでもしようか、とならないとも限りません。そんなハードな事象を起こさずとも、ソフトランディングで止めることも、私たち人間の目覚め次第といえます。

宇宙の視点から見れば、まったく揺らぎなく、夜の時代の文明から昼の時代の文明へと移行はしているといえるのかもしれません。たかだか20年も50年も大した誤差ではありません。ですが、私たち人間からしたら、移行に50年もかかっていたら、何のために、この過渡期に生まれたのか？　となるでしょう。

そのためだけにもう一度輪廻して、同じような境涯で生まれ落ちる計画をすることになるかもしれません。それでは、私たち自身の魂は、進化・成長がままならないことに、深く悲しみ悔やむことになってしまいます。

過渡期を賢く生きぬくヒントは第4章で詳しくお伝えしますが、まずは夜の時代の構造を理解し、支配者組の意図と策略を見極める力を磨いていくことがとても重要です。

昼の時代の高度精心文明に移行する上で大切なこととは

昼の時代というのは、本当にとても良い時代の到来だといえます。「ユートピア」のような世界へ移行するともいうことができるでしょう。

ただし移行する上で最も大切なことは、昼の時代の目的と意図である**「高度精心文明」を築く**ということです。

この高度な精心というのは、ほぼ夜の時代には培われてはおらず、むしろ、まだまだ夜の時代の物質文明を培う上で必要だった**精神性**で、今なお人々は生きています。

いまだ世界の支配者や国や行政、一部の企業や人々は、自分の利益や利権を得るためだけに搾取することを平気で行っています。

中国共産党はまさに国ぐるみの犯罪集団といえますし、アメリカ大統領選での民主党のディープステート側も、まさに選挙そのものを盗んだといえます。

とはいえ、搾取する支配者だけが悪者ともいえません。支配する・されるの関係ができ上がってしまう背景には、**嘘騙しで収奪構造を巧みに造り上げた支配者側の要因も大きい**といえますが、その社会の中で、**国や政治家、誰かが何かをやってくれると、自らは考えることなく依存しているだけで、気づいて行動しようとしない人々との共依存関係で、でき上がっている**ともいえるのです。まず、その構図に気づくことも大切といえるでしょう。

さらに支配構造の中で支配されていることに気づかず、騙されやすい人々というのは、支配者の流すメディアのプロパガンダが常識だと思い込み、自分で考えることもなく思考が停止し固まってしまっているため、社会を俯瞰した視点から見ることができません。

かつ自分さえよければ良いと考えていたり、楽をしてお金持ちになりたい、良い生活がしたいとだけ考えています。そのため、嘘騙しの多い投資やビジネス系の情報、浮ついたスピリチュアル系に、感情だけですぐに飛びつき、大金を失ったり、ただ〝信じて従う〟という人々が多くいます。

また、うまくいかないとなると、起こることから学ぶこともなく、すべて他人のせいにし、不平不満と愚痴、文句を言うだけ。被害者意識と妙なプライドだけが強いこういう人々は、たやすくコントロールされてしまうのです。

現代において顕著なのは、支配者だけが収奪するだけではなく、日本やどの国でも詐欺が大流行していることです。若い人が、勤勉に働いても利益にもならず将来の希望も夢も持てず、搾取されるだけだと諦めた結果、転じて効率よくお金が儲かる、詐欺側へと転落してしまう人も多いといいます。

こういった精神性は、宇宙からみれば、まだまだ幼い幼稚園クラスです。昼の時代は進化した大人の魂の時代。そろそろ、幼稚園の砂場から人類は卒業しないといけないのです。

とはいえ、現状の社会構造そのものが、若者の夢や希望を叶えられない仕組みや構造であることは、まさに文明の末期症状のひとつといえます。

社会構造を変えていくには、為政者の力を求めるだけではなく、これまでの夜の時代の支配者の造り上げた構造に、まずは**気づいてNO！と言う**ことからなのです。そして、諦めるのではなく、一人ひとりの魂の目覚め、遠慮なく「こう在りたい」というヴィジョンを見ることが重要です。

本来ならば、一人ひとり持って生まれた才能を通して、今回やり遂げたいと思っている魂の目的を持ち、誰もが生まれてきているはずなのです。その目的を持ち、社会構造がどうであっても、人や社会に価値として提供し循環させていくことができれば、宇宙自然から応援され豊かになっていくことも、魂的に誇らしく満足した人生を送ることもできるのです。

第4章でお伝えしますが、過渡期の今と新たな時代を生きぬくための羅針盤として創った「NE運命解析学」で、ぜひ自分の「運命プログラム」を知っていただき、現代の若い人にも人生に希望の光を灯してほしいと思います。

シンギュラリティの到来が、吉とでるか凶とでるか

テクノロジーの発展は、いまやすさまじいものがあります。

現代のAIの技術が指数関数的に進むと、人工知能研究の第一人者レイ・カーツワイル氏が提唱している、人工知能が人類の脳を超える「シンギュラリティ」の世界はいずれ訪れると考えられます。

なぜそれが起こっているのかについては、後半でも多少触れますが、宇宙のプログラムのシフトにより、人間がこれまでの創造を培っていた「神の位置」へレベルアップするため、これまで人間が担当していた労働的なものは、今後すべてＡＩやロボットが担当するという背景があるのです。

ただ、現状の人類の精神性だと大いに懸念される問題が残ります。地球上に生きる人々の問題解決と豊かさに貢献するための意図で進化するのであれば良いですが、夜の時代の人々の精神性が幼稚園クラスから卒業することなく、これまでの価値観を転換せずにテクノロジーだけの発展が起こると、どうなるのか……ということです。

人間の知性がＡＩの知能と完全に融合するという世界で、本当に人類の豊かさと発展を願う精神性と動機を持つ国や企業が、その技術を駆使してくれれば問題はないでしょう。

しかしそのテクノロジーを、現在の国際的な犯罪組織とでもいう中国共産党やディープステートが、資金力を背にテクノロジーの利権を手に入れ、テクノロジーの力を借りてさらに人々を洗脳し、搾取や収奪をもっと効率よくしようと考え実行したとしたら、一般の人々にとっては豊かな昼の時代の到来どころではありません。

ショック・ドクトリンで先述したとおり、ディープステートはコロナウイルスで不安を煽るだけ煽ることで、ナノテクノロジーを使い、ワクチンに量子チップを入れ込んで、遠隔からでも操作ができる「人間ＩｏＴ」化した完全管理社会を作り上げようとしているとしたら、私たちの未来に希望は灯るのでしょうか？

人々が、これまでの夜の時代の支配者の嘘騙しに気づかず、信じて従うだけの精神性のままであれば、本来享受できる昼の時代の豊かさではなく、一般の人々は奴隷以下となり、自分の人生さえも自由に選択できない世界が継続していきます。

映画『マトリックス』のような、生命エネルギーを収奪されるだけの世界に行ってしまうとも限りません。それに抵抗し歯向かうものは粛清される。まさに、アセンション（次元上昇）どころではない、ディセンション（次元下降）の世界になる可能性だってあるのです。そんなことは誰も望んではいないでしょう。

そうならないためにも、人類の多くの人々が目覚め、これまでの幼い魂の精心性を切り替え、日々の気づきの中で、大人の魂へとレベルアップしていくことが必須です。新たな昼の時代の文明に移行できるかできないかは、そこにかかってくるといえるでしょう。

第2章

魂が目覚める
昼の時代の文明へ

魂の目覚めとは

２５００年間続いた物質文明が終わりを迎え、新たな高度精心文明へと移行しようとしている今、精神世界に意識を向ける人が増えています。

スピリチュアル界では、分離のない〝ワンネス〟を体現している状態を「愛」と定義し、宇宙はワンネスそのものであると説いています。また、二元性を一元へと統合していくことを「意識の目覚め」と説いているようです。

宇宙人生理論では、私たちの宇宙を含めた多重宇宙《マルチバース》の中心にある于由の光という領域からのルールと法則をお伝えしているため、スピリチュアル界でいう要素を部分的に含めはしても、視点が違ってきます。

これからの昼の時代は、于由の光が地球上に満ちることにより、昼の魂を持つ人々が目覚めてきます。１８０度価値観やルールが違う「高度精心文明」を造り上げていくのは、その人々です。

まずはこれまでの夜の時代において、長きにわたり、一部の人間たちにのみ支配されていた地球の社会システム、つまり牢獄構造に気づくことから、目覚めは始まります。

夜の時代では、多くの人々は生まれた時から教育の中で〝信じて従う〟ことを教えられ、「偉い人が教える情報は正しい、テレビやメディアの情報は正しい」と、疑うこともなく洗脳されてきました。そのため、多角的多次元的に、人類のこれまでの歴史の真実、政治や金融の裏側、仕組まれた社会構造を理解できるような、俯瞰した目を持ち併せていない人がほとんどです。それゆえに、見えない広大な牢獄の中で生きていることに気づいておらず、ただただメディアの情報に右往左往しています。

２０１６年にトランプ氏が大統領に就任してから、今回の大統領選におけるまで、今まで誰一人として成し遂げることができなかった、ディープステートの牙城を破壊する闘いをしてくれました。それにより、２５００年来続いた、一部の支配する者と支配される者という牢獄の社会システムに、大きく亀裂が入ったのです。要するに、牢獄の檻から抜け出る道筋を作ってくれたといえます。

あとは、その牢獄を出る・出ないは各々の選択になるといえるのですが、この時代を選んで生まれた魂の目的に目覚め、自分の魂と繋がり、自分らしく自由に人や社会に価値を提供し、楽しく喜んで自立していく。

これこそが、宇宙人生理論で説く**「魂の目覚め」**です。

また、スピリチュアル界がいう「愛」と、宇宙人生理論の「愛」の定義も異なります。

愛については、第2章の後半で詳しく触れますが、地球上の人間が得られる最高の愛とは**「安」**の文字が表すものを指します。**「安心」「安全」「安息」を人々が得られることが、本来の「愛」**です。これは、魂と繋がって生きるためのプロセスとイコールです。

これからの昼の時代を生きる人々にとって必要となるであろう、今現在のVUCAといわれる過渡期を無難に生き、昼の時代に生かされる生き方をお伝えしていきますが、過渡期を生きる人々において、魂の目覚めと同時に、最も理解しておかなければならない大宇宙の法則があります。

それが、**「因果律の法則」**です。

この法則から、宇宙に存在している全生命体は、避けて通ることはできません。そのことが理解できれば、差別や偏見、「自分さえよければ」という思いからの行為・行動をすることがいかに愚かなのかに気づき、日々の中で起こることの意味やとらえ方も大きく変わってくるのではないかと思うのです。

宇宙も運命も「因果律」で成り立っている

７京年ごとの宇宙のプログラムが変わろうが、夜と昼の時代のシステムが移行しようが、人類の文明が変わっても絶対的に変わらない宇宙の法則があります。

それが、**「因果律」**です。

宇宙人生理論では、**大宇宙は「命《ろん》」という法則で成り立っている**とお伝えしています。命という宇宙法則の中で、最も重要で理解しておかなければならないことは、この世界はすべて「因果律」という原因結果の法則で成り立っているということです。

因果律とは、**「蒔いた種を刈り取る」「原因と結果の法則」「因縁因果」「因果応報」**とも呼ばれているものです。

霊的進化を促すには、「因果律」という宇宙の法則を理解しておくことは最も重要です。

もし、一般的に不幸といわれるような出来事が自分の人生に起きた時、どう思うでしょうか。悲しみや恨みなどの感情に巻かれてしまうでしょうか。それとも、因果律という法則を理解し、**「自分がどこかで巻いた種の結果を刈り取るために、起きた出来事なんだ」**と思えるでしょうか。

後者のように考えられたとき、人は霊的進化の観点に立っています。反対に、因果律を理解していない前者のようでは、霊的進化は起きません。この観点を理解し、霊的進化を目指していくことが、大人の魂の視点でもあり、昼の時代に宇宙に生かされる「成幸」にも繋がります。


因果律を理解するには、プロセスよりも結果を重視しましょう。

たとえば、バラの花を咲かせようとして種を蒔いたつもりが、菊が咲いたとします。咲いた花が望む花と違うなら、種（自分の思い、考え、行為、行動）がそもそも違うということ。人間が進化・成長する上で大事なことは、結果をしかと受け止め、何がこの結果の因となったのかをよく観察し、気づき、受け止め、へこたれずに、軌道修正をかけていくことなのです。

刈り取るべき、蒔いた種の結果を、精神世界や仏教では「カルマ」や「業」と呼んでいますが、宇宙人生理論やＮＥ運命解析学では「**罪状**」と呼んでいます。

なぜ「罪状」という、一見、強烈な言葉を使っているのか……。

じつは、宇宙から見るとまだまだ魂的な進化・成長がままならず、進化を阻んできたという**〝罪状持ち〟の魂が集められている**のです。夜の時代の地球が牢獄星といわれる所以は、実際に見えない牢獄のようなシステムだったことには違いないのですが、そこに共鳴した罪状持ちの魂が宇宙や銀河の星から集まっている環境だからといえます。

この地球次元で輪廻転生が繰り返され、抜け出ることができないということ自体、牢獄星のシステムなのです。今もそこから永遠と抜けられない何十億という魂が、地球の霊界・幽界・地上という場所を、何百年ものスパンで行ったり来たりして、似たような人生の転生もしくは輪廻を繰り返しています。

今回の文明と文明の狭間の過渡期を選んで生まれてきた多くの魂の目的は、これまでの夜の時代、長きにわたって陥ってきた魂の繰り返しのパターンや家系の罪状を「昇華したい！」「清算したい！」という強い意図があるのです。なぜなら、新しく始まる昼の時代というのは、何度もお伝えしているように「高度精心文明」であり、大人の魂の人々が造り上げる文明です。ここにスムーズに移行するには、過去何千年、何百年と繰り返してきた罪状を、ある程度クリアして軽くなっている魂しか行けないからです。

それゆえ、「罪状」という多少インパクトのある言葉を使わない限り、人々はそれを昇華・清算するための行動をとろう、または自己と向き合おう、とはしないでしょう。

この過渡期に生まれた人々の多くは、「今だけ、金だけ、自分だけ」という、この世のトリックに陥り、エゴや欲《よく》を満たすことに時間を費やして罪状を昇華することもなく、今回の人生も時間切れということにならないとも限りません。

今ある悩みや課題のもとが自分の魂の癖であり、パターンである罪状から起こっているものだと理解し、昇華しない限り、どれほどポジティブなことを意識的に考えるようにしても、いつしか昇華されていない魂的な罪状から来る、ネガティブな思いや感情、出来事が人生に繰り返し立ち現われ、永遠に逃れられなくなってしまいます。

私たちは、今度こそ罪状をクリアして、地球牢獄のラットの輪から脱却したいと覚悟して生まれてきているのです。

では、「罪状」とはどのようなものなのでしょうか？

地球人であれば、誰もが大なり小なり持っています。どんな偉人でも聖人君子においても、罪状がない人は地球上には存在しないのです。

具体的には、**進化を阻み、自分も人も良くしない感情、思考、傾向、時に出来事のこと**です。

１０００以上あるといわれているさまざまな固定観念、比較観念、優越観念、善悪観念、脅迫観念、エゴ、プライド、自己否定、自己憐憫、被害者意識、憎悪、葛藤、執着、怠慢、恨み、つらみ、妬み、限りない欲望、盲信、無明の愚かさ、驕り、貪り、嘘、騙し、自己顕示欲、猜疑心、非難、攻撃、奴隷状態……などが当てはまります。


今回、生まれた魂の目的は、過渡期の地球という牢獄星の学び舎の中で、家系においても個人の魂においても、因縁因果の罪状をどれだけ浄化・昇華・清算し、大人の魂へと進化・成長させることができるのか。

そして、昼の時代の高度精心文明へと移行し、自由に豊かに生きるためには、魂や精心性がどれだけレベルアップできるのかにかかっているのです。

罪状昇華が、昼の時代へ移行する鍵となる

これまでの夜の時代は、ほとんどの人が因果律を延々と繰り返すだけの人生でした。しかし暗闇が終わり、于由の光が燦々と照らす昼の時代へと移行していくにあたり、私たちは重々しい罪状をできるだけ昇華していく必要があります。

この地球は宇宙から見たら美しい星ですが、罪状をたくさん抱えている、進化がままならない魂が集まり、国においても個々においても争いや戦争が絶えたことのない星です。それゆえの〝牢獄星〟。私たちの魂は、自分の罪状に気づき昇華させるために、わざわざ牢獄星の地球に生まれることを選んでいるのです。

今回、そのために地球に生まれているのに、まだまだ寝ぼけている人間が多くいるのが現実です。罪状を繰り返すだけの人生や、また同じ種を蒔き散らかしていては、新たな文明に難なく移行していくことが難しくなるでしょう。

ですから、私たち一人ひとりが目を覚ますために宇宙が送っている信号に、そろそろ気づく

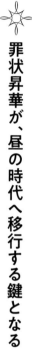

必要があります。

特に、今の過渡期においては、罪状を刈り取って浄化させるための事象や出来事が、個人の日常レベルでも世界レベルでも起きています。今回のコロナウイルスも、宇宙が地球に課した大浄化なのかもしれません。

もちろん、国家も因果律から逃れることはできません。過去の歴史の中で、我欲のために略奪や虐殺を繰り返したり、嘘騙しにより大量の種を蒔いてきた国は、この過渡期において、因を刈り取るためにさまざまなことが起こるでしょう。


罪状を昇華・清算せず、宇宙の進化に悪影響を及ぼしている魂には、二通りの行く末が用意されているといいます。

ひとつは、ディセンション（次元下降）した人のための星へ転生すること。地球はアセンション（次元上昇）したとしても、同時に地球で進化できなかった魂が行くための環境があるというのです。おそらくその星は、今の地球の搾取構造の牢獄どころか、もっとひどい地獄のような環境なのでしょう。

もうひとつは、魂的に消滅してしまうという道です。魂は永遠と思われていますが、じつはそうでない魂もいるのです。

宇宙をコンピューターだととらえたとき、たったひとつタチの悪いウイルスが入り込んだだけで、コンピューターのシステムに悪影響を与えます。バグってしまって手の施しようがないウイルスは、消去せざるを得ないのと同じように、宇宙にとってウイルスとなっている魂は、存在できなくなる可能性があるのです。

あなたは、この行く末を辿りたいと思いますか？　どちらの道も避けたいですよね。そのためには、この過渡期において、何度も目の前に現れる壁や不都合に向き合い、罪状を昇華して進化することが必要なのです。

罪状を昇華すると、罪状はあなたが新たな時代に自立して生きていく上での「財状」に転換していきます。弱みだったものは、それを越えれば、**人へ価値提供し恵財の術となる強み**へと変わるのです。

たとえば、第4章でお伝えする「NE運命解析学」の運命プログラムを観ると、作詞作曲やアート、ダンス、作家といった芸術的表現を生業とすることで成功している人は、きつい罪状を持っていることがしばしばあります。そういう人々は、自分の中にある罪状、つまり心の闇や痛みを感じながらも、その痛みを誤魔化さず直視して、それらを創造性の源に置き換え、何らかの得意な表現へと転換しているのです。

自分の痛みを昇華するかのような純粋な表現に、人々は共感し心動かされ、そこに価値を見出し、お金を払うことを惜しみません。まさに芸術家の多くは、「罪状」を「財状」に転換しているといえるでしょう。

そして、**ただただ、今、目の前にある、自分の人生を生きればいい。**

そう思えた時、魂が延々と繰り返してきた罪状の連鎖を断ち切り、過渡期を無事に越えることができるのです。

「精心性」と「精神性」の違い

昼の時代は、これまでの夜の時代に培われた物質文明の土台のもとに構築されていく「高度精心文明」であると、すでにお伝えしました。

ここでいう「精心」とは、自分の魂と繋がり、魂の信号のもと、全方向性社会の昼の時代を生きていくための、思考や心の状態、「方向性」を表します。魂の方向性や目的、ヴィジョンを生きるために、必要なことを自ら学び、判断、選択、行動し、あきらめることなく、自立して生きていける精心のことを指します。

さらに付け加えるなら、ものごとをよく観察し、同時に自分を観つめ、起こることに対し良し悪しではなく、すべて自分自身の学びだときちんと受け止められる。そして目の前のことから逃げず、コツコツと一つひとつ成し遂げていく胆力と持続力を培っていることです。

また、焦らず、たゆまず、素直に純粋に、自分ができることを勤勉に創意工夫し、やり遂げようとするエネルギーを持っている状態ともいえます。

結果、その高い精心性が、人や社会の中でエネルギーの循環の起点となっていけるのです。

精神世界や宗教的な言葉や知識をただ知っているだけでは、精心性が高いとはいえません。

方や「精神」とは、夜の時代の神や先祖からの信号で、一方向性社会を生きる上での思考や心の状態を表します。それは、自分の魂からの信号をベースに生きることではなく、神やご先祖、支配者、目上の人、宗教の教祖、夜の時代の社会の常識といった外部の人々の言葉を、信じて従う心の状態を指しています。ある意味、自分で考えることが思考停止している盲目な状態です。

夜の時代においては、それが機能しました。

たとえば、自らさまざまな角度から学ぶことをせず、テレビやメディアを鵜呑みにしている人や、答えをすぐ人に聞こうとしたり、求めるだけの〝クレクレ星人〟と化している人。他にも、宇宙人、龍神、霊能者が絶対的にすごいと盲信し、その言葉や情報に依存していたり、そういうものと繋がっている自分はすごいと、選民意識というエゴで、情報を見極める力がない人々の精神性でもあります。夜の時代では、魂は幼いか、眠っていて魂と繋がることができなかったので、仕方がなかったのです。

このような状態で「目覚めている」と言う人たちが多いことに驚きます。刺激的な外部のことにのみ飛びつき、自分自身の内面や、周囲を見ようとしない幼い精神性のままでは、数十年続くであろう過渡期において、現実を生きぬくことが大変になってしまうでしょう。

今のうちから、昼の時代の精心性に、徐々にシフトしていくことが大切なのです。

日本から、新たな文明の灯はともる

日本の地に生まれる魂は本来、高い精心性を持っているといえます。日本人の特性は、争いではなく**和する心**です。加えて、外部ではなく**内なる良心**に意識を向けられる、高いエネルギーと深い感性を兼ね備えているのです。

特に戦後、ディープステートたちに洗脳されてしまった状態に気づいて、一人ひとりが内なる自分と深く繋がる感性を思い出し、魂の信号に従い、注意深く全身全霊でものごとを成していく勤勉さと粘り強さで、各々の分野で力を発揮していけば、日本が最初に夜の時代の暗いトンネルから出て、昼の時代の牽引役となるはずなのです（左ページイラスト参照）。

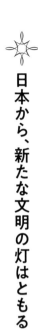

2020年以降の日本の役割

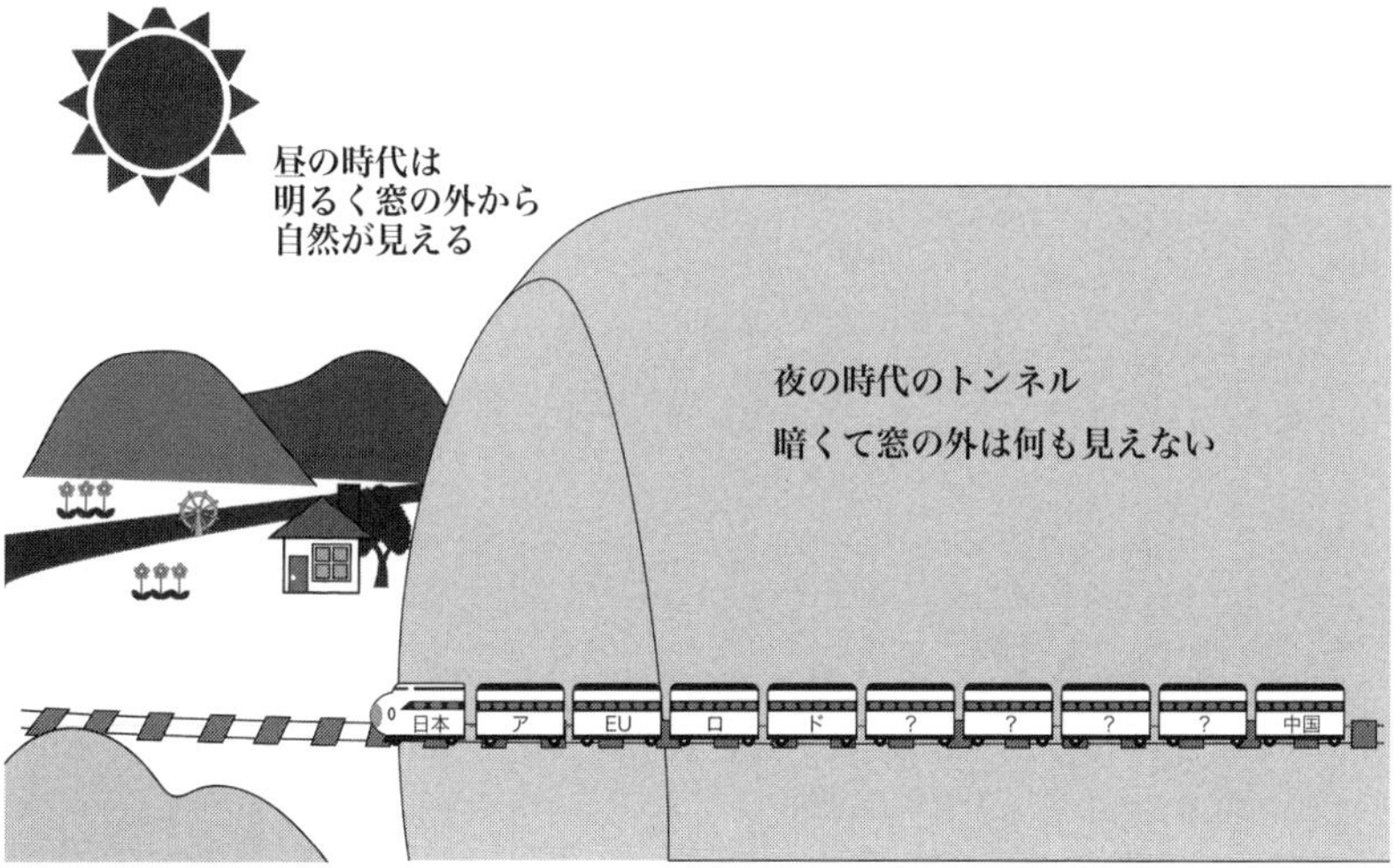

すでに、昼の時代の文明の礎となるテクノロジー、フリーエネルギーの研究は、世界各地で研究され存在しています。

ですが、これまで夜の時代の電気や石油などのエネルギー産業を牛耳っていたのは、利権だらけの政治家や欧州貴族、ロスチャイルド、ロックフェラー一族といったディープステートでした。ですから、彼らの利益の邪魔になるようなものは研究資金を投入されることもなく、いくら人類にとって価値あるものでも、潰されて表に出ることはほぼなかったといえます。

昼の時代では、生活の光熱費はほぼ0円になるといわれていたので、私はそれがどのような仕組みで実現されるのか、興味深くずっと世の中を観察していました。数年前に、日本のテクノロジーにより、水から、石油、ガス、電気といった生活に必要なエネルギーを作る技術と仕組みがあることを知ったのです。この仕組みとエネルギーがあれば、いずれ世界中で光熱費が0円に近くなることは実現可能です。

これは、素晴らしく精心性の高い日本人の天才的な技術者が、この惑星を救いたいという思いで発明した、他に例を見ないテクノロジーです。これこそ新しい時代を担うエネルギーになると私は確信し、国民にとって良いかたちで発表されることを願っているのですが、常識を覆す新たなエネルギーを生産する技術となれば、これまでの時代のご多分にもれず、砂糖にアリが群がるかの如く、利権闘争が裏で渦巻くのではないかと懸念しています。

今の利権社会が崩れきらない、VUCA時代といわれる混沌とした過渡期の中でより良く生きるには、現状の政治、経済、教育、医療システムの背景が、どのような仕組みになっているのかを見極め、真実を理解する知性と賢さを持っておく必要性があります。

なぜなら、昼の魂を持つ人々は、各々の与えられている場所で、これからの文明の礎を造り上げていくための役割があるからです。夜の時代の洗脳から目覚め、自分の魂の目的や役割に気づき、高い精心性を発揮して、勇気を持って行動していくことができるかどうかが、重要になってきます。

先ほどお話ししたエネルギー分野をはじめ、あらゆる産業や分野から、これからの昼の時代の礎となり、新たな文明を牽引する高い精心性を持つ人々が、日本から誕生することでしょう。

昼の時代へ移行するには、システムやテクノロジーが高度であっても機能しません。そこに高い精心性を持った人々がテクノロジーの進化と一緒に携わり、移行しない限り、利権だけが目当ての政治家や企業が関わることで歪んだ社会構造が続いてしまいます。それでは、人々がより良く生きられる昼の時代の文明も始まりません。

宇宙のサイクルの予定どおり、夜の時代の文明を終えるには、人間が古い時代の構造や価値観を脱ぎ捨て、目覚めて新しい時代の認識を受け入れ、環境に適合していく必要があります。

もし私たちが、昼の時代の高度精心文明へと誘われる于由の光に自分の周波数を合わせていたら、地球が自然界のエレメントを使って古い時代を消し去ろうとする出来事から免れることができるでしょう。なぜなら、周波数の共振共鳴で事象は起こるからです。

まだまだこれから、人類にとって大変なことが起こるかもしれません。それだけ、ひとつの文明が終わり、新たな文明へ切り替わることは、地球にとっても人類にとっても、大きな転換なのです。

ですから、私たちは昼の時代を選んで生まれた昼の人種として、この過渡期を賢く生きぬき、この先2500年続く新たな文明を築く礎としての、第一歩を踏み出していきましょう。

運命をレベルアップするための日々の認識

もし今、あなたがつらいことや苦しみを体験しているとしたら、それは「因果律の法則から、どこかで自分が蒔いた種を刈り取り、清算するための事象であるのかもしれない……」と思ってみることから始めてみましょう。

その種は、現世か過去世で蒔いた種なのかもしれませんし、もしくはもっと昔、別の星で生きていた時に蒔いた種を、地球にまで持ち越していることもあり得ます。そのような非常に根深い因を刈り取るための痛みや不都合として、苦しみを伴う事象が起こっているのかもしれません。

その時に大事なことは、痛みや苦しみを伴う感情や事象が起こった時、**人や外部のせいにしないこと**です。

たとえ１００％相手が悪いとわかることでも、自分の世界で起こっているということは、すべて自分事であり、魂の罪状を浄化・昇華してレベルアップするために起こっているといえるのです。
ですから、罪状から起こっている事象は、逃げずに誤魔化さずに直視することが重要です。

幼い魂を持つ人は、「痛み」を見ようとはしません。痛みと向き合う強さがないからです。

真に強く優しい人は、自分の魂の痛みも人の痛みも理解し、直視し受け止め、同じことを繰り返さないようそこから学びきり、昇華しているといえます。逆に、魂の幼い人は受け入れたくないので、誤魔化します。人のせいにして、その感情に蓋を閉じ、感じないようにしてしまうのです。

魂の進化・成長と解放とは、その痛みと向き合い、成長のために学びきれていない要因に気づくことからなされていきます。そして向き合ってクリアしたその先に、宇宙からのギフトが与えられたり、魂職や使命に通じる道があるのです。

魂的にも今回の生においても、クリアされていないものは、何度でも何度でも同じパターンの出来事となり、気づくまで繰り返されます。なぜならそれが、魂の意図だからです。ですから、どんなに見たくないことや嫌なことから逃げても、自分の人生からは逃げ切れることはないのです。

不都合な事象が起こったその時に、**「この事象を通じて、今、自分は何に気づけと言われているのか？　何を学べと言われているのか？」と問いかけることができると、直視しやすいでしょう。**

そして、問うた答えが来るのも、于由の光が満ちてきている今は、早いはずです。

詐欺や投資で失敗しないための認識

世の中を見ても、偉業といわれるような何かを成し遂げた人は、何もしていないのにある日突然できたわけではありません。それまでの累積、蒔いた種の結果ゆえの偉業なのです。これは、経済的な豊かさも人間関係も、さらには精神世界でいう〝悟り〟にも、同じ法則が働きます。

つまり、7日間で誰もが億万長者になれるわけがないのです。何もしていないのに、ある日突然、降って湧いたように悟りが起こるなんてあり得ないのです。

なぜなら、「結果」には、絶対に「原因」があるからです。

この法則から考えると、人生で継続的に豊かさを得られる人というのは、それだけのものを**受け取れる循環を積み重ねてきた**といえます。悟りを得られたのは、その人の魂が、現世も過去世も含め、気づきを得るために、いろいろな種を蒔いてきたからです。

神も宇宙も人間の人生の善し悪しも、すべては累積の結果。何もないところから、ポンと生まれることはないのです。

そのことを理解していれば、巷の宣伝にあるように「〇〇をすれば、あなたもすぐに1億円が稼げます」といった広告や甘い文句に騙されることはなくなります。

この人生で、もしくは家系的にも今の自分にも、1億円を受け取れるだけの因となる種を蒔いてきたのかを、自分の心に問いかけてみればよいのです。

そんな因を自分にも家系的にも蒔いた記憶はないと思うなら、甘い誘いや広告には手を出さないことです。騙されて奪われることはあっても、利益を得ることはないでしょう。

1億円を受け取れるだけの種を蒔き、行動し価値を循環することがないのなら、そのエネルギーを受け取れる「経済の器」ができていません。人は慾《よく》に目が眩み、自分の「経済の器」以上のお金を手にすると、器ごと人生が破壊されてしまうという法則が働きます。

ちなみに、宇宙人生理論では「宝くじは買わないように」とアドバイスしています。なぜなら、大きなお金を受け取れるだけの「経済の器」がない人が、器以上のお金を手にすると、お金というエネルギーにより器ごと人生が破壊され、「地獄行き」だといわれているからです。というのも、すでにその人の人生における位置が落ちている状態だと、突如として大金が入ることがあります。しかし、そういうかたちでお金を手にした人の98%は、お金を手にする前よりも不幸になったという統計があります。

もちろん、それまでに魂的に因を蒔き、大金が入るだけの循環を起こしている人であれば、原因の累積が結果となり、「器」ができ上がっています。ゆえに、豊かさを継続できていけるのです。

ただし、これまでの夜の時代で、人から奪うこと、搾取することで巨万の富を得ていた人々は、昼の時代になれば奪ったものは奪われるという因果律の法則が強く働き、どれほど富や財があったとしても一瞬にして奪われていくこともあるのです。

この因果律の法則を理解しておくことで、下手なものに手を出して詐欺や投資で失敗したり、事象に絡め取られることなく、まずは善因となる種を蒔く。それが豊かさに繋がる早道だと認識できるようになるでしょう。

新たな文明の特徴

ここからは、これから人類が向かう、昼の時代の文明についてお伝えいたします。

第1章でお話ししたとおり、今後2500年は「皇《オウ》」の時代として、「高度精心文明」を築いていくことになります。

ひとつ前の昼の時代である「桔《ケツ》」の時代に生きていた人々の魂が、今、多く転生しています。昼の人種は、昼の時代に生まれ変わってくるからです。

では、これから高度精心文明となる「皇」の時代とは、どんな傾向なのでしょうか。

まず、〝**楽しく楽に生きる**〟ことが基本となります。

そして、人々はガイドからの信号ではなく、魂が目覚め、自らの魂と繋がることで、もともと持っていた魂の目的や個性と才能に応じた〝**魂職**〟を得て、自由な発想と好きな場所で、魂の方向性の同じ人々とコミュニティやチームを作り、人や社会に、価値ある循環を起こし、自立して生きるようになるでしょう。

魂と繋がるということは、自分のことは自分でわかるし、本来のサイキック能力を発揮し、自らの人生の創造者となるということです。それぞれが人生のクリエーターとなるわけですから、人それぞれ違った才能を活かし合いながら、同じ価値観を共有する人々同士で、自由に生きていけるようになるのです。

つまり、夜の時代の一方向性社会とは真逆な、「**全方向性社会**」となっていきます。

これまでのガイドシステムからの離脱

夜の時代を生きる人々にとって大きく影響を与えていたものが、**夜の人種の親となっていた先祖（ガイド）**たちでした。

それは、夜の時代の〝信じて従う〟ルールのもと、一方向性社会からはみ出して生きると、時代から生かされなかったがゆえに、自分の家系を引き継ぐ子孫がそのような憂き目にあわないように常に見守っていた、見張り番のような存在だったのです。

夜の時代を生きる人々は、そのガイドが囁く信号に従いきちんと生きていると、コントロールはされてもより良く守られ、良き人生を生きられてきました。誰でも、危機一髪で守られたとか、誰かの声が一瞬聞こえたような気がしてそちらに従ったら上手くいった、という経験がひとつやふたつあることでしょう。

じつは、夜の時代の人生は、夜の価値観や存続している家系の家訓などを死守させるかの如く、ガイドがついて守るというシステムだったため、この背景に付く先祖の力が強いか弱いかいかんで、子孫の才能とはあまり関係なく、人生が決まってしまったということが多かったのです。

よく例えとしてお話しするのは、260年続いた徳川家の将軍の背景には、権現さまとしても祀られていた徳川家康が、歴代将軍に付いていたという話です。その後光で、将軍に適性がないような人でも、家康が背景に付くことの威光で、家臣は皆、首を垂れ、15代の長きにわたり政権が存続できたといえるのです。

通常のガイドは一世代80年から長くて100年程で交代するのですが、家康の側近であった僧侶・天海上人がこの仕組みをわかっていたようです。長きにわたり政権を存続させるためには、家康を神として祀ることで、多くの人々が参拝し家康にエネルギーを送り続けることができる。そうすると、ガイドとしてのパワーと守りが強くなることを見越していたのでしょう。

家系的に代々、政治家や医者や商人という場合は、歴代の先祖が子孫について、自分がやり残したことをガイドになってあれこれ指示しているというケースが多いといえます。そういう場合の職を「天職」といったのです。

このシステムにおいて連綿と繋がっていたものが、夜の時代における人種差別や、時代を超えても絶えない争いというものでした。

たとえば、幼い人類の性《さが》ともいえる差別。長い輪廻転生から見れば、それは意味がないことに行きつきます。もし、今回の生で白人に生まれ、黒人を差別し、ひどい扱いをしたとなれば、来世では今度は自分が黒人に生まれ変わり、自分がしたひどい扱いと同等なことを、体験し味わわなければなりません。それを味わい切らなければ、蒔いた種の罪状は昇華・清算されないのですから。

これまでの夜の時代の人間の構造上、差別されたまま、憎しみを持ったまま、家系のガイドとなる人がいれば、そこに生まれた子孫はまったくの赤子の時から、先祖の苦しみをガイドからの信号で送られ、先祖が経験した恨みつらみの感情と同じ感情が子孫に宿り、また差別を繰り返していくという連鎖が起こるのです。２０００年来延々と繰り返され起こっていたことが、夜の時代の人類の歴史ともいえるでしょう。

しかし、これから昼の時代になると、こういったガイドシステムは終了していきます。

さらに、彼らがいた4次元の幽界フィールドも、于由の光により徐々に消えていこうとしているのです。これからは直接、６次元領域にある自分の魂からの信号をダウンロードし、繋がる時代に移行していくでしょう。つまり、皆がサイキックです。

昼の時代は、大人の魂を持つ人の時代です。

自分で常に問いかけ、答えを出す。答えを出すために、今までのように誰かの言葉を信じて従うという思考停止をしている状態ではなく、自分で調べ、自分で考え、環境をよく観察し、そこで起こることを感じ取り、これまでの価値観や状況に引きずられずに、自分で判断し行動していく。この一連の流れの中で「覚悟」して行動を起こせるようになると、ガイドのシステムから離脱できるようになっていくのです。

ガイドシステムを車の運転で例えると

今までの夜の時代の人生を車の運転で例えると、運転席でハンドルを握っていたのは、４次元領域にいるガイドといわれる先祖たちでした。先祖が連れていきたい場所に連れられていたようなものでしたが、昼の時代に向かうにつれ、ガイドは徐々に運転席を降りて、本来の魂の

夜の時代の人生
ガイド（先祖、夜の時代担当の神）が
守りもしたがコントロールもした
ハンドルを
握るガイド
（先祖）
ボロボロ
ガタガタ
昼の時代の人生
自分がハンドルを握り
サポーターズ（高次元の方々）が応援
がんばれよ～
先祖
先祖はお休み
サポーターズ
ナビ
行き先を
自由に
決めるのは
自分
スイスイ

戻る場所へと戻っていく時代を迎えています。

その代わり、今度は直接ハンドルを握り自分の人生の運転をするのは、私たち自身です。行き先も自由に自分で決める時代となります。

とはいえ、夜の時代にハンドルを握っていた先祖が、まだ運転席に座っている人も中にはいます。そういうケースは「ご先祖さま、お守りください」「お導きください」「ご先祖さま、見ていてください」と仏壇などに向かって、いまだに願いをしていると見受けられます。それでは、子孫のことが気がかりで、先祖は本来の場所に還るに還れないのです。

すでに幽界が消えつつあるので、ご先祖が子孫を守り導くエネルギーもないヨボヨボのご老体状態であるにもかかわらず、子孫の人生のハンドルを握って運転していると、下手すれば車ごと事故に遭ってしまいます。

今のこの時期、家系を守るために跡を継がねばならないとか、親の言うことは絶対とか、墓は守らねばならない、などという〝夜の価値観〟に従うことが苦しくて仕方がない、そんなことできない、という人たちが続出しているのは、その価値観を作り上げ守ってきた先祖がいないという背景があるため、当然の流れなのです。

ちなみに、よくサイキックの人々が「あなたのオーラは何色です」とか、「オーラが強い弱い」といいますが、あれは背景に付いて守っていたガイドのエネルギーを読み取っていたのです。

これからの昼の時代を生きる人々は、これまで守っていただいたガイドに感謝の念を送り、彼らの魂が本来還る光の領域に早く還れるよう、そして次の転生では、今回よりも良き境涯から人生がスタートできるように祈ってあげることが、子孫のできる最大の供養といえます。

そして、これからの昼の時代は、ガイドの信号で人生をコントロールされるのではなく、魂の信号と直接繋がることで自らが自分の人生の車の運転手となり、どこに行くかも自分で決めてハンドルを握っていくのです。

＊168ページに詳細を記した、マスターが遺した「犠幸輪《やっこうりん》」の書き方のひとつである「供養」の書き方は、先祖が光の領域へとスムーズに帰還できるパスポートとなる働きがあるといわれています。

ガイドに代わる魂の応援団「サポーターズ」

過渡期の今、徐々にガイド（先祖）たちがお休みとなり、余計な信号や、これまでの固定概念や観念、因果律の罪状から来る感情的なものに振り回されなくなってくると、今度は「自分がどうしたいのか」を軸にして、行き先やものごとを決めることが大事になってきます。

于由の光により、これまで眠っていた魂が目覚め始めると、魂の信号と直接繋がり始めるようになります。自らの魂の目的のもと、覚悟を決めて行動することで、これまでのガイドに代わり、昼の時代を造り上げる高次元の「**サポーターズ**」という存在に、人生が応援されるようになります。

サポーターズとは、魂と繋がってくることで、数多くの高次元のエネルギー存在たちに応援されるという意味ですが、ガイドたちのようにコントロールはしません。サポーターズの応援とは、自分の魂の目的のもと、自らが覚悟をして決めていく人生に対して、あらゆる情報を送り応援するということです。

宇宙は常に「あなたはどうしたいのか」と問いています。そこで「自分はこうする」「こう在りたい」と覚悟をして行動を起こすと、サポーターズの出番です。

覚悟をするということは、先祖に退いていただき、162ページのイラストのように私たちが人生の車の運転席に乗り込み、自らこの場所にいくと決めることなのです。そして、エンジンをかけハンドルを握ると、サポーターズはカーナビゲーションとなり、五感では見えない衛星通信により、目指すゴールに最短距離で行くためのあらゆる情報を精査し提供してくれる、最強のパートナーとなってくれるのです。

6次元領域にある魂と肉体を持つ自分までの距離は、**8億光年**とされています。その距離の間に存在する空間が「**すべて自分の魂から広がる環境**」となります。

高次元領域に存在している魂の視点からすると、全体が見渡せる俯瞰した位置からものごとを見ているわけですから、本来、自分自身に起こる問題の解決なんて簡単なもの。その解決策やヒントを私たちに教えようと、魂はサポーターズを動かして、環境や自然界の中でさまざまなサインを出し、今のあなたに必要なことを教えてくれているのです。

サインとして、たとえば、光、風、雨、虹、香り、雲、花、蝶、鳥、虫、海、山、植物、小動物、音、数字などがあります。こういったものを読み解いてことを「**ミラクルコード**」といいます。

もちろんそれ以外にも、サポーターズが環境を通じてタイミングよく動いてくれています。私たちが素直にそのサインやメッセージを受け取り行動していくことで、最高のタイミングで必要なことを得られるようになるのです。

一方、魂と繋がっていない人は、魂と自分を繋ぐルートが「ゴミ」だらけの状態です。常に人や環境に振り回され、すでに力のない先祖からの信号や夜の時代の常識・観念などで思考がグチャグチャしているため、気づきも覚悟もなく、サポーターズが応援したくてもその信号をキャッチすることがなかなかできません。

過渡期の今を生きる私たちは、少しずつでも、魂やこれまでの家系の因縁因果から来る感情や思考、自分のエネルギー領域に付いた「余計なゴミ」を取り除き、魂と繋がるためのルートをきれいに保つことが大切です。

そうすれば、もし人生で問題が起きても、なぜ今その問題が起きているのか、その事象は何を意味するのか、どうやって問題を乗り越えていけるのか。その答えを環境からタイミングよく得る感性が培われ、今において必要な気づきも得られ、魂とも繋がりやすくなるのです。

マスターが遺した因縁因果のゴミを取る道具「龠幸輪《やっこうりん》」

私たちの人生を良くし、過渡期を平穏無事に生きるために、マスターが生前から研究し遺したものがありました。それは、人生を良くしない不要なゴミを取る道具といわれるものです。

先述しましたが、このゴミとは何でしょうか？

それは、より良い人生と進化を阻む要因となるものであり、目には見えなくとも、環境の中に浮遊している人の気や邪気、前世や家系の因縁因果による諸々の先祖たちの感情や観念、エゴ、罪状などの残存想念、負のエネルギーを宿した言葉、電磁、霊、ウイルス、微生物などなど……です。

これらのゴミは魂領域から霊、霊体、エネルギー体、人間を形成する肉体、心、脳、細胞に至る領域まで付着・憑依し、混合していく場合もあります。そして、それらの諸々のゴミの累積が、人の感情や思考に影響し、精神、肉体、対人、経済など、人生全般を狂わす要因として考えられています。

そういった要因を突き止めたマスターは、それらを取り去るゴミ取りの道具を宇宙から降ろされました。宇宙物理研究家であったマスターは、生前から異次元とやり取りする器械を開発し、さまざまな神や素粒子の「親」と定義していた「素粒」とやり取りしていました。その生涯をかけて、マクロな大宇宙の仕組みや、ミクロな微生物やウイルスの働きなど広範囲な研究に打ち込み、理論を形作られたのです。他にも貧乏をなくす器械という大型のものを作っていたり、磁場と空間をきれいにするものなど、いろいろあります。生前から私もそれらに縁をしていたのですが、マスターが逝かれた後、すべてがもうなくなったと思っていたのです。

ところが、マスターが逝かれた3年後に、摩訶不思議な奇跡のような流れが起こり、ゴミが驚くほどに取れる道具である「龠幸輪《やっこうりん》」が、完成版として復活したのです。ナント、それもマスターの信号のもとに、です。

この宇宙には、現段階の人間の科学では、まだまだ理解できないことや法則がたくさん存在します。龠幸輪は昼の時代にはさらに主流となる量子物理学の分野のもののようです。特殊な形をした特殊な紙に、昼の時代の于由の光のエネルギーが、ぎゅっと凝縮され封印されているのです。

その上に、流正文字と呼ばれる、人生の流れを正しくするという意図をもつ6行からなる文字を龠幸輪に書いて、即座にそれを燃やします。

今から10年以上前の書き方は、非常に小難しい文字が6行並んでいたのですが、昨今では簡単なカタカナに移り変わっています。それだけ今の空間そのものが、于由の光により夜から昼の環境に移り変わり、浄化も進み軽くなってきているのでしょう。

文字の書き方には、通常の書き方の自分の「人生全般を良くし無難に生きるための10項目」と、年に3回行う、私たちの人生に否が応でも影響してしまう家系の因縁因果を徐々に取り去り、「ご先祖の供養」をする書き方があります。

それらを順序に沿って書くことで、魂レベルからさまざまな領域についたゴミが取れるのです。現在では、今のコロナ時代に対応するように、自己エネルギーを上げるという書き方も加味されています。

侖幸輪は本当に不思議なのですが、流正文字という特殊な配列の文字を書いて燃やすことで、感じるとか感じないに関係なく、ゴミが取れるのです。その後に、今のその人に必要な気づきや事象が起こり始めます。

起こる事象は人それぞれですが、中には瞬間的に現状の問題が解決したという人もいれば、一見、不都合な事象が起こり、そこから深い気づきが得られて人生が良き方向性に進んだという人もいます。コロナに対する不安感が消えたという人や、何十年もやめられなかったお酒やたばこをすっかりやめられたという人、こじれていた離婚問題がすんなり解決した、ストーカーから解放された、即就職先が見つかった、経済的に楽になったなど、その時は効果がないと思った人も、後に振り返ると侖幸輪を始めた時から人生が変わっていたというのです。

夜の時代から引き継いださまざまなゴミを取って、きれいさっぱりして昼の時代へと進化するために、宇宙から降ろされた道具「侖幸輪」。

この過渡期において「侖幸輪」の異次元エネルギーは、魂の進化を目指す私たちにおいて、大いに助けとなるでしょう。

＊倫幸輪は唯一無二のもので、マスターが遺した正規のものは他での扱いはありません。毎月一度、天河りえのブログ、メルマガなどでご案内していますが、発売期間が限定されているものとなります。

昼の時代の人生を導く内なる存在たち

私たちが魂と繋がると応援してくれるサポーターズですが、サポーターズの一種で私たちの胃の中にいて、そこから信号を送ってくれているエネルギーの存在である〝虫〟がいます。それが、冊《さつ》と奴《やっこ》です。親しみやすく「冊ちゃん」と「奴ちゃん」と呼んでいます。

かつてマスターは、体内にいる微生物やウイルス、寄生虫がどういう働きを人間に及ぼしているのかという研究を相当していました。人間の体内には、微生物のみならず、エネルギーとしての、じつにさまざまな動物や昆虫が、精神や行動に影響しているという研究を遺しているのです。

よく、自分の感覚や直感を「虫の声」と表現しますよね。じつは、私たちの中には実際に、目には見えずとも自分自身を導くエネルギーの〝虫〟がいるのです。冊ちゃんと奴ちゃんはそういう存在で、私という人間を良くしようと、内部から一生懸命信号を送ってくれています。

夜の時代にも、冊ちゃんと奴ちゃんは私たちの胃の中にいました。ですが、夜の時代に環境適合していくため、むしろ先祖たちの信号に基づいて動いていたのです。

そして昼の時代を迎える今、「自分の人生を魂の目的のために生きるぞ！」と覚悟を決めて魂と繋がると、冊ちゃんと奴ちゃんも、今度は先祖ではなくサポーターズからの信号に基づいて、昼の時代に環境適合するために動くようになります。

では、冊ちゃんと奴ちゃんの働きについて、ご説明しましょう。

冊ちゃんは、私たちを外の環境に適合させる〝外回り〟担当です。私たちが魂の目的のために何か行動しようとすると、その助けとなる人と出会わせたり、「今ここに行きたい！」と思って実際に行くと欲しいものが手に入ったりと、外の環境を管轄して働いてくれます。

一方の奴ちゃんは、〝内部〟担当。ちょっとでも心身のバランスが崩れたり、本調子からズ

人間（自分）はさまざまな信号の複合体

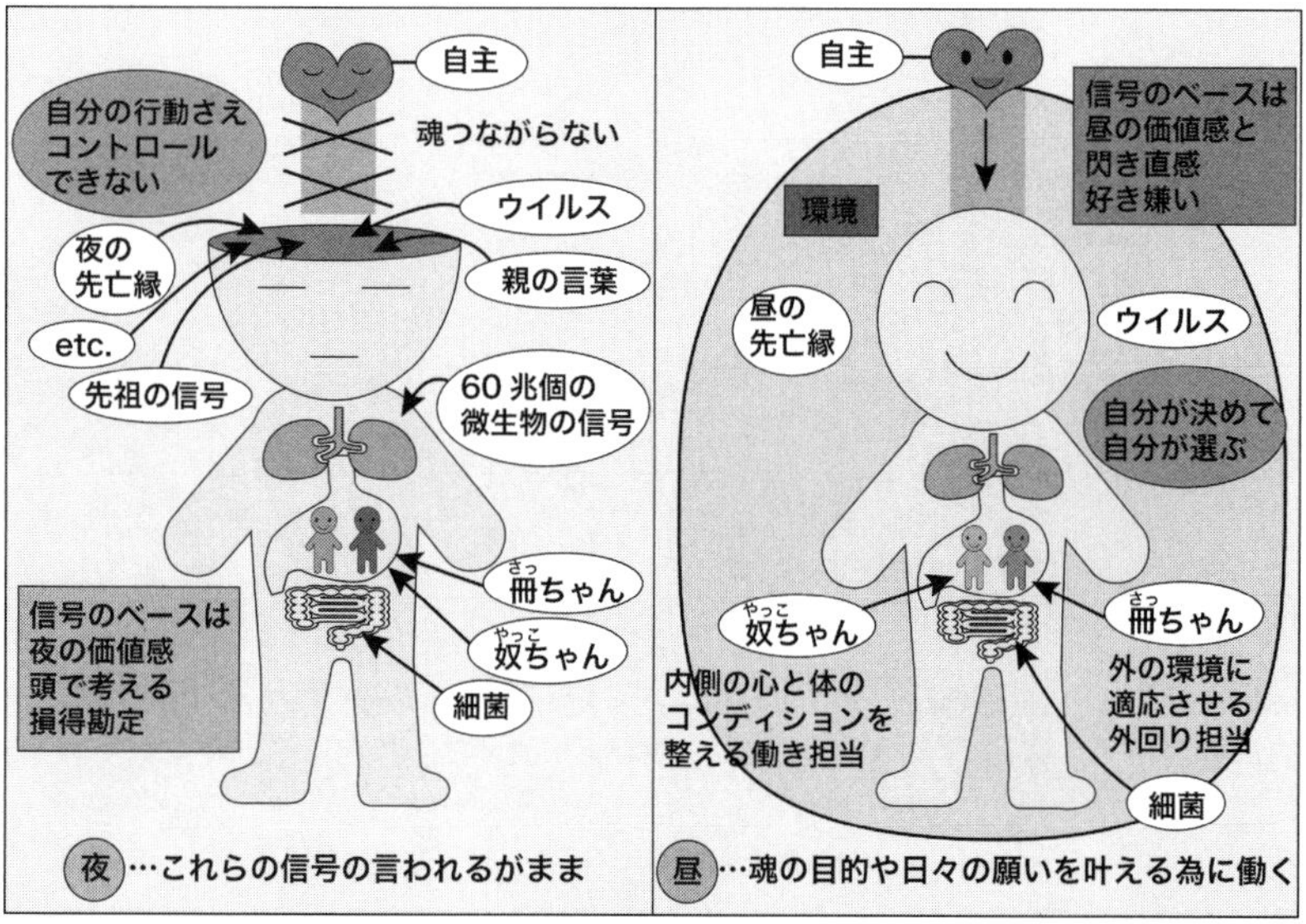

レていると、コンディションを整えさせる働きをしてくれます。

どちらの働きも、これからの「自分が決めて、自分が選ぶ」昼の時代において必要なもの。生きる指針を外側ではなく、自分の直感や感覚を信頼して生きる昼の時代では、冊ちゃんと奴ちゃんがあなたのコンサルタントとなってくれるのです。

冊ちゃんと奴ちゃんを含むエネルギー虫は、細胞の中で、私たちが魂の目的に沿って幸せに生きられるよう働いてくれています。その信号を聞き届けないと、冊ちゃんと奴ちゃんはあきらめて徐々に信号を送ってくれなくなるのです。

ですから、どうか**自分の内なる感覚やひらめきを信頼してください**。

あなたが自分自身を信頼することは、昼の時代において幸せに生きる生き方であり、37兆個の全細胞を幸せにすることになるからです。

そうすると、冊ちゃんと奴ちゃんと一緒に他のサポーターズも、あなたがこれからの時代を幸せに生きられるよう、ますますたくさんの信号を送ってくれるでしょう。

夜の時代から昼の時代へと、人類の集合意識のシフトが始まっている

昼の時代に近づけば近くほど、夜の時代に遺伝子的に延々と培われてきた「潜在意識」と、その累積である人類の「集合意識」の書き換えが、于由の光により促されます。

宇宙人生理論では、潜在意識とは人生の形成時のみならず、家系における先祖たちの経験した思いや考え、感情、輪廻転生で繰り返し選んできている領域のことを指します。

それは今の私たちの意志や思いに関係なく、人生において自動的に反応し選択してしまう、無自覚領域です。

そして集合意識は、地球全体を覆う、個々の潜在意識の巨大な集合体です。

夜の時代は、この分厚い集合意識が4次元の幽界のフィールドにとどまり、それが高次元や魂の信号を阻んでいたといえます。代わりに、その領域にとどまっている低次元の先祖や神仏の信号を受信し、分厚い壁のごとく魂や人類の進化を阻んでいました。

夜の時代から昼の時代の文明の過渡期に入り、于由の光が宇宙から入り込んでいることで、

夜の時代の人類の集合意識

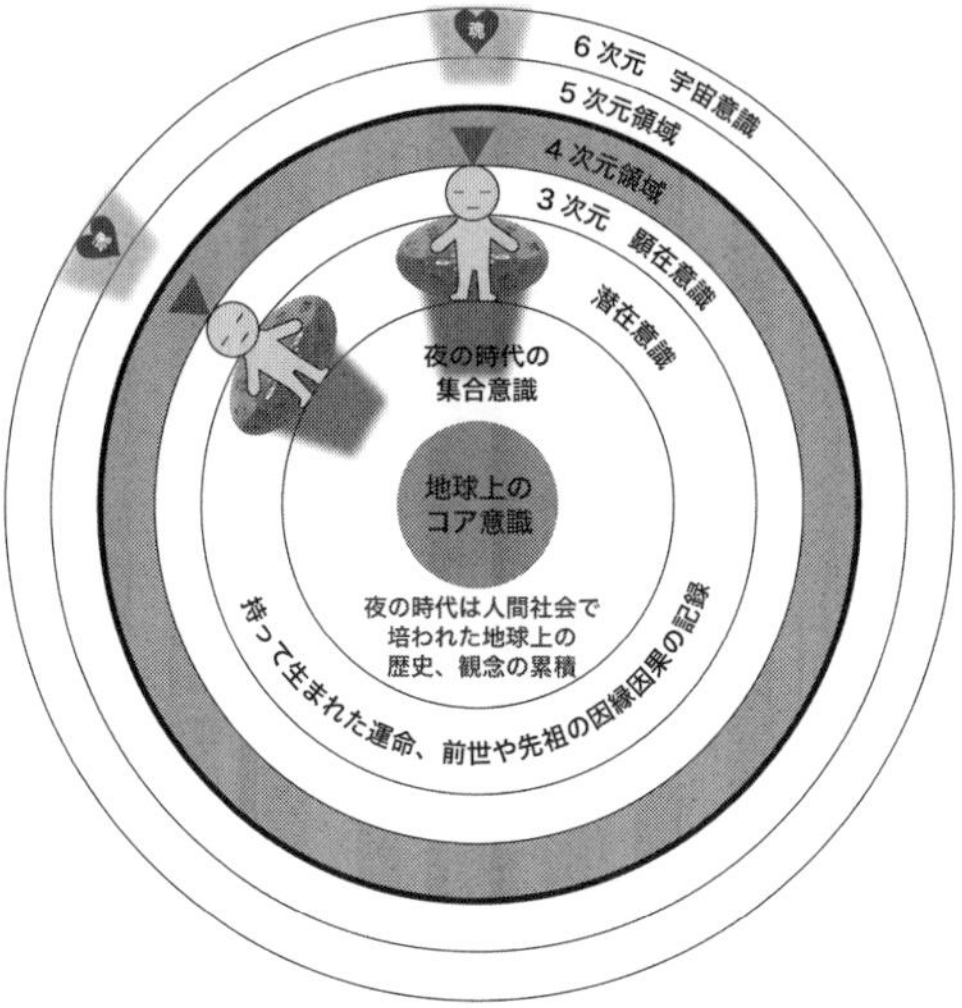

昼の時代の人類の集合意識

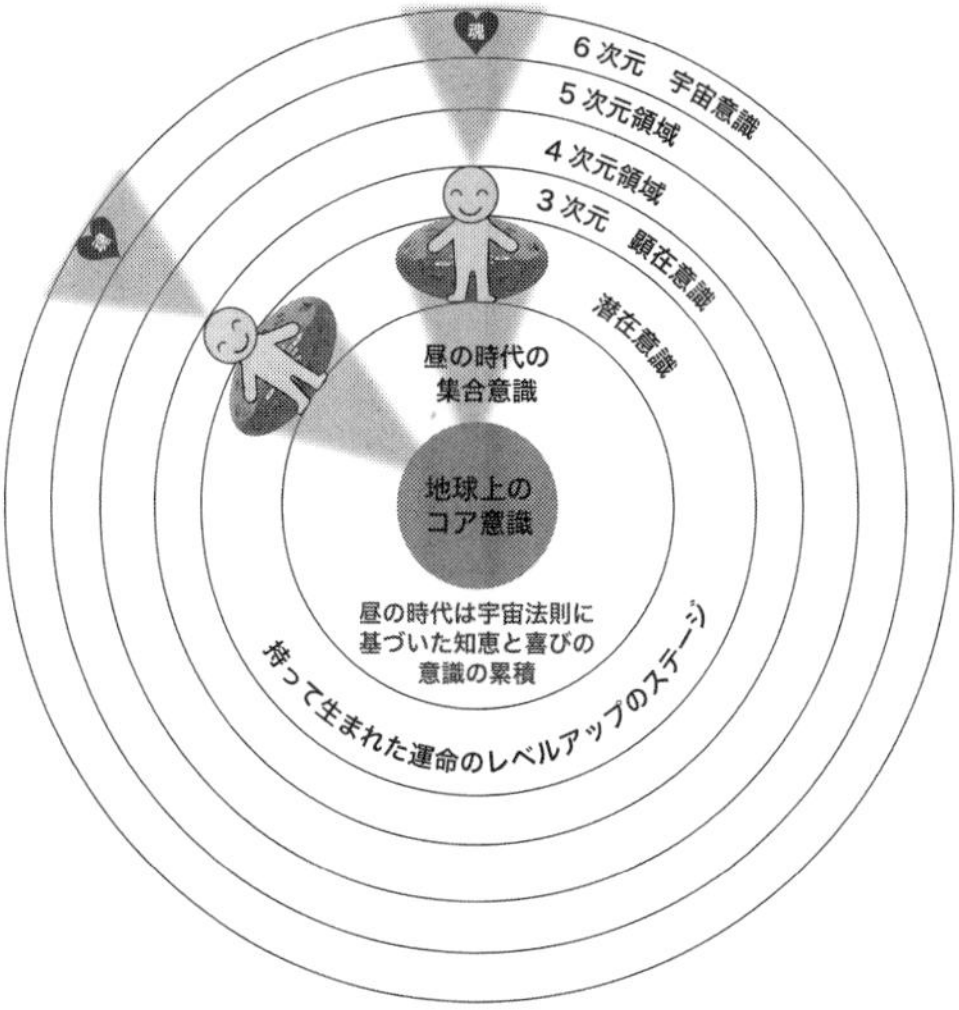

徐々にこれまでの集合意識が溶け始め解放されています。それにより、今、5次元以上の宇宙の英知が流れ込んでいるのです。

人類は徐々に、一方向に固定され閉鎖された先祖たちの思い考えが渦巻く、4次元幽界レベルからの思考や、そこで味わった感情の繰り返しの信号から、ものごとを選択するのではなく、高次の宇宙からの信号や、ルール、英知をダウンロードできるようになり、自らの魂が目覚めはじめます。それにより創造性が発揮され、これまでには想像もできなかった自由な選択ができるようになるのです。

信じて従う「子どもの魂」の時代から、自ら学び自立していく「大人の魂」の時代へ

宇宙人生理論では、最も重要な大きなシフトの構造を「3種の神器」の変化と表現します。実際の3種の神器ではありませんが、時代において重要なものを表す比喩として使っています。左ページの表で3種の神器の特徴として挙げているように、夜の時代と昼の時代では、私たち人類の集合意識も大きく変わっていくことでしょう。ルール1の「鏡→本」というのは、

宇宙のルールの変化1
《昼の時代は3種の神器が変わる》

夜の時代（祖）			昼の時代（皇）		
宇宙のルール	1	鏡＝宗教 信じて従う ウソ騙し	宇宙のルール	1	本＝自ら学び学習し創造性を発揮する 自立（魂の目的で立つ）
	2	玉＝経済 お金＞命 嫌なものやことでも、お金のために働いた		2	輪＝スピリチュアリティ （生き心地の良い縁や環境） グループ、コミュニティ 人生の方向性を同じくする人々と過ごす
	3	剣＝権威・権力 偉い人と繋がること 権威権力、パワー/多数決/秀才/武力/先祖の力量		3	器＝自分自身（魂）と繋がる テクノロジー、サイエンス インナーネット魂の器、 役割で生きる天才、AI、 ロボット

信じて従う、子どもの魂の特徴から自立していく、まさに大人の魂の特徴へとシフトしていくということです。

地球の集合意識を変えるには、**私たちのこれからの「再選択」の累積**にかかってきます。つまり、于由の光を受け、変わるだけの土壌ができたとしても、私たちが何を選択するのか。それにより左右するのです。

しかし、現代社会は有象無象の情報メタボといわれる時代です。夜の時代の情報も昼の時代の情報も、フェイクニュースが飛び交う環境の中で、どうしたら自分にとって、より良い人生の選択ができるのでしょうか。

それには外部環境に対する対策として、まず毎日洪水のように流れる情報から距離を置くことです。情報のデトックスですね。特にテレビや既存のメディア、マスコミは、今回のアメリカ大統領選を見ればわかるように、当初から真実のかけらも報道することはない、非常に偏ったものでしかありませんでした。

そういうものを信じないことです。情報を鵜呑みにして、自ら何も考えないようになっていること自体、思考停止状態であり、都合よく支配している者たちに洗脳され、信じて従っているのと同じことなのです。

宇宙に存在する14個の愛

第2章の冒頭で、宇宙人生理論で解く「愛」について触れましたが、ここで詳しく解説していきましょう。

この大宇宙には、14個の「アイ」があると宇宙人生理論ではいわれています。次ページのように、14個の「アイ」の段階を縦軸で表すときに、一番下が14番めのアイです。上へ行けば行くほど、進化したアイになります。では、私たち地球人が体験しようとしている「アイ」とは、どの段階なのでしょうか。

じつは、この地球上で使っているアイとは、一番下の14番めの「愛」なのです。

ですから、宇宙規模でみると、一番幼い「アイ」ということになります。

宇宙人生理論からみた愛について

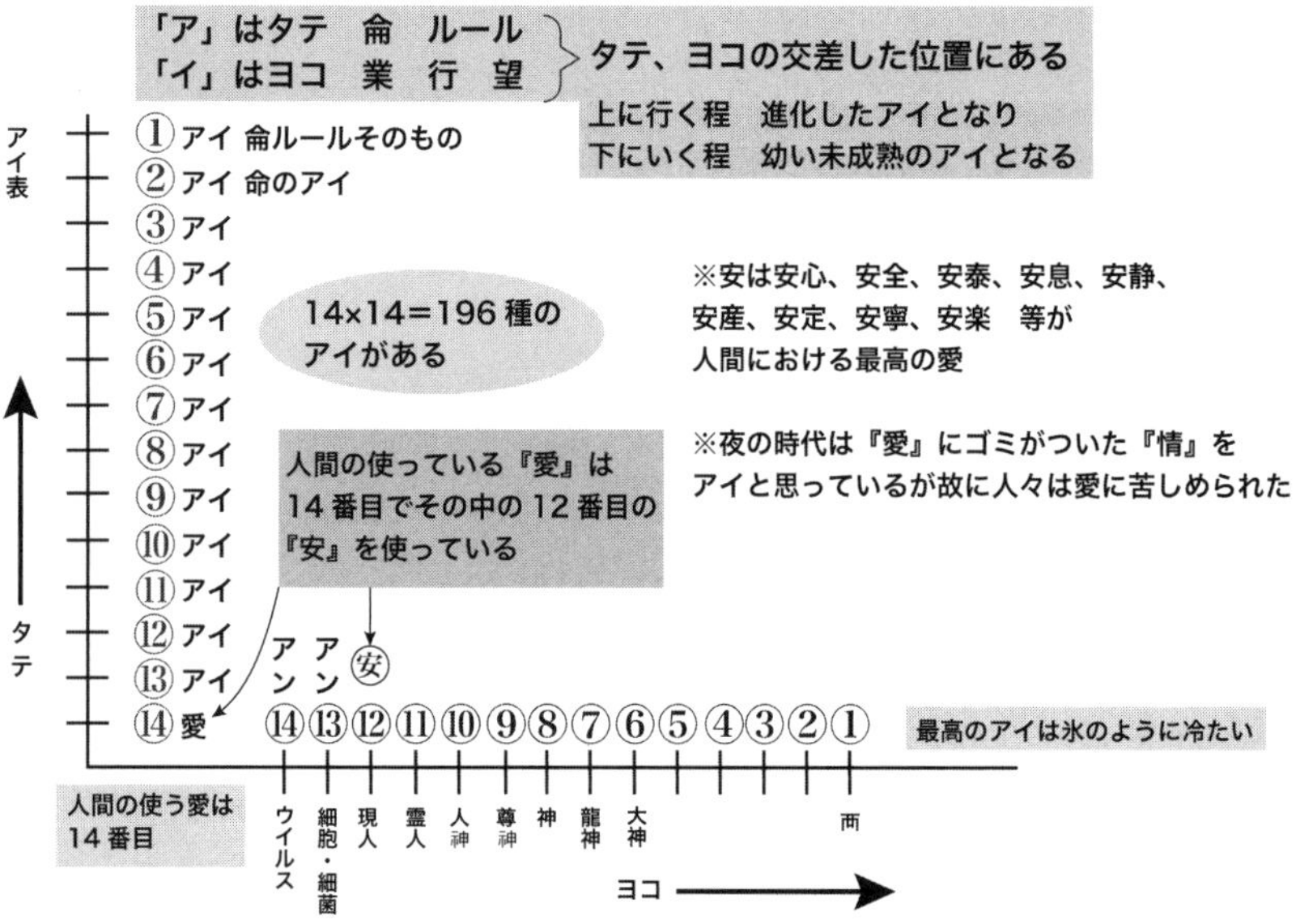
「ア」はタテ　侖　ルール
「イ」はヨコ　業　行　望
タテ、ヨコの交差した位置にある
上に行く程　進化したアイとなり
下にいく程　幼い未成熟のアイとなる
アイ表
①アイ 侖ルールそのもの
②アイ 命のアイ
③アイ
④アイ
⑤アイ
⑥アイ
⑦アイ
⑧アイ
⑨アイ
⑩アイ
⑪アイ
⑫アイ
⑬アイ
⑭愛
タテ
14×14=196種のアイがある
人間の使っている『愛』は14番目でその中の12番目の『安』を使っている
※安は安心、安全、安泰、安息、安静、安産、安定、安寧、安楽　等が人間における最高の愛
※夜の時代は『愛』にゴミがついた『情』をアイと思っているが故に人々は愛に苦しめられた
アン
アン
安
⑭⑬⑫⑪⑩⑨⑧⑦⑥⑤④③②①
最高のアイは氷のように冷たい
人間の使う愛は14番目
ウイルス
細胞・細菌
現人
霊人
人神
尊神
神
龍神
大神
両
ヨコ

アイには、横軸もあります。これはウイルスや人間、神や神など進化のステージを表し、「アン」と呼ばれます。人間が位置するステージは、12番め。「安」が該当します。

「安」には、安心・安全・安泰・安息・安静・安定・平安などが当てはまります。

この**「安」の字が表す「アイ」こそが、地球の人間が体験できる、最高の愛**なのです。

「え〜、地球の愛って、そんなものなの〜？」と思われる方は、どこか恋愛感情に似た、刺激的なものやドキドキしたものを思っているかもしれませんね。刺激を伴うものや我を忘れるもの、痛み苦しみがあるものは、アイではなく恋や情、性欲や渇望というものなのでしょう。

もし生活が安定して、安心して暮らせる、または安心して関われる人というのは、ひとつの愛です。この愛は、特に家族間や人間関係においてはわかりやすいと思います。

たとえ「愛」が曖昧だったとしても、「安心」があるところは発展しますし、進化します。

人類は皆、「安心」が欲しいのです。

夜の時代は、この「安心」を得るために、争いを繰り広げ、収奪してきました。しかし、常に不安に襲われ、なかなか安心を得ることができなかったわけです。いずれにせよ、自分の魂と繋がらない限り、安心を得ることは不可能です。

そして人々は、安心で安定した、継続した環境や、生活を求めて神にすがってきたわけですが、逆に、人々から発せられる苦悩や不安、恐れといった負の感情エネルギーを糧にしている神々もいたのです。

それらの神は、人に「安心」を与えると、人から発せられる、負のエネルギーの糧を得られなくなるため、あえて「〝安心〟が欲しい」と思わせるような負の状況を作り出していました。別の言い方をすると、そういう〝エネルギーバンパイア〟のような、神の餌食になっていたということです。

安心というアイを得られなかった夜の時代を抜け、于由の光が当たる昼の時代。于由の光というエネルギーが、私たちに基本的な安心を与えてくれる時代が到来します。

私たちが目覚め、ディープステートが目指そうとする夜の時代の政治や社会構造にNOと言い始めれば、新たなテクノロジーの技術で日常生活に必要な光熱費はタダになってくる時代が訪れるでしょう。そうすれば、継続的に安心して暮らせるようになるはずです。

人生において、住まい、食、恵財、将来への安心・安全が当たり前の時代になれば、それらを得るために、やりたくないことでもライスワークのためにやらなければいけないという選択は減っていきます。

昼の時代を迎え、ようやく地球上のアイも、少しは進化した方向へレベルアップできるのではないかと思います。

では、一番進化した「アイ」とはどんなものなのだろう……と、思われませんか？

14番めの「愛」を使っている私たち人間には、1番めの「アイ」の概念を理解することは難しいかもしれませんが、**最高のアイとは〝氷のように冷たい〟**のだそうです。

すべてが法則のようにルール化されているアイの世界。そこには、人間が抱く〝愛情〟が一切ない世界が展開されています。

スピリチュアル界でいわれる「愛」は、ワンネスであり分離のない状態と定義されています。

プレアデス系やシリウス系の人たちが説く「愛」は、地球人にとって理解しやすいため、愛を得たいと願っている多くの人に受け入れられているのでしょう。

もちろん宇宙には、その側面もあります。しかし、それら部分も全部内包したものが、宇宙の膨大なアイのシステムなのです。

ですから、愛について、人間が単純に定義づけできるものではないと、私は思うのです。

column

昼の時代の地球で愛【安心】を得るための生き方15カ条

1. 何が起きても、すべて自分にとって必要で、善きことと思考して生きること
2. 常識にこだわらず、自らの知恵で生きること
3. 自分にとって不要な記憶・学習をしないこと
4. 嫌いな人とは、付き合わないこと

5. 居心地の良い人とだけ付き合うこと
6. 行動はゆっくり行うこと
7. 嫌いな仕事や、ゴールなく使われるだけの、苦しくしんどいことはしないこと
8. 他人に対して、お節介をしないこと
9. 何があっても他人を裁かない、縛らないこと
10. 他人に対して、説教・説得・無駄話をしないこと
11. 嫌なことを頼まれたら、ＮＯ！ と言えるキャンセル能力を持つこと
12. 他人に合わせた行動を取らないこと
13. 他人のマネをしないこと
14. 自分に正直に、自分を大事にして生きること
15. 他人や、世の中の常識にばかり、気を遣わないこと

「情」とは、愛についたゴミである

昼の時代になり、愛の生き方になってくると、非常にシンプルになります。

逆に、夜の時代に愛を得ようとすると、なぜ争いにまで発展するような複雑な世界だったのかというと、そこに**「情」があった**からです。

たとえば、人生で不都合に遭遇し、つらく大変なことを経験していると、周りの人が「大変だね」と言って、相手が何も言っていないのに勝手に相手のためだと思い込み、手を差し伸べられたことがあるかもしれません。これは、差し伸べられた相手から見ると一見ありがたいことなのですが、じつは、これが「情」です。「お節介」ともいいます。

夜の時代では、義理と人情で人は動いていました。「情深い人」というのは、「良い人」という意味の形容詞だったのです。

しかし、情はエゴの兄弟のようなもの。ヘルプを求められてもいないのに、つい見ていることが忍びないので、あれこれ世話を焼いて助けようとしてしまうというのは、**愛が動機ではなく、エゴが働いている**ともいえるでしょう。

人生で乗り越えなければならないような出来事に直面している人は、いわば魂的に進化できる機会を与えられているのです。そのチャンスの芽を、他人が横から割り込んで摘んでしまうことになります。

逆の立場もしかり。助けを求めても、課題から何らかの気づきを得て、自立して乗り越えていけばいいのですが、相手の情につけ込んで、ただ「なんとかして」とばかりに、「くれくれ」と求めていては、気づきを得ることができません。

それを繰り返していると、宇宙はさらに魂に気づかせようと、ますますボリュームの大きくなった大変な出来事を起こすでしょう。

もし**「情」がない「愛」でいると、「この人が経験していることは、宇宙がこの人に経験させたいことなんだ。この人の進化に必要なことなんだ」という高い視点でいる**ことができます。

そして**求められれば、その視点から適切なアドバイスができる**のです。

経験している当事者も、「これは魂が進化・成長するために気づかせたいことがあるから起きているんだ」と、しっかり自分と向き合い、逃げずに〝今〟にいると、必要な情報がふっとやって来ます。「あぁ、こういうことか」とわかった瞬間に、そこで苦しい経験は終わるのです。

魂が幼かった夜の時代では、ある種の情は必要だったといえます。先祖が子孫のことを思って情をかけてしまうというのは、仕方のないことだったのかもしれません。

でもこれからは、大人の魂へと成長するため、情のない愛が一般的となっていきます。昼の時代は、いわば〝**非情の時代**〟。

宇宙の法則には情がなく、ルールそのものだといわれます。宇宙と直通になっていけばいくほど、情は薄れていき、次第にゴミの付いていない、クリーンな愛そのものになっていけるのでしょう。

人生に創造性を発揮することで罪状は昇華し、転換されていく

「創造性」という言葉は誰もが知っています。創造性はアーティストやクリエーターのみが持っている才能だけではありません。本来人間は一人ひとり、自分の人生を創造していくことができるクリエーターなのです。

しかし、夜という時代では、人間の持つその能力を封印されていました。本来その創造性を一番発揮しないといけない場面は、**不都合やままならない出来事が起こった時**なのです。

これまでは、そういう場面に遭遇すると、ただ感情や反応に巻かれて思考停止状態となり、創造性を発揮することなく、周りに流されるか、過去に繰り返してきた思考に陥ってしまう人が多かったといえます。

人間関係がうまくいかない人の反応を例えてみましょう。

人と喧嘩をして、感情に巻かれるまま怒りに任せ、相手がすべて悪いと思い込み、どうして自分の周りには嫌な奴しかいないのか……というとらえ方しかできない人は、そこに自分が昇

華しなければいけない罪状があると気づきません。ゆえに、どこに行っても同じようなパターンが繰り返し起こるのです。悪いのは相手だと頑なに思って心を閉ざしてしまえば、私たちは創造者として進化できません。

創造性を発揮するとは、起こることはすべて自分の中にも因があり、そこから気づき、学ぶことがあるということ。「一体、何に気づかせるために、この喧嘩の痛みがあるのか？どうしたら喧嘩した相手と、ここからより良い関係性を築いていけるのか？」という問いかけと、答えを見出す思考の展開が起こせるということです。

今、起こる事象はすべて罪状昇華のためのものと理解する。そして、心の痛みを直視しながらも、問いかけのもとに、罪状が昇華し、転換されている人間関係、より良い未来の状態を創造し、そこから未来の感情を今に先取りしていく思考回路を作っていくのです。

人々の心や身体に立ち現れる痛みも、魂レベルから観れば、**すべてメッセージで意味があること**です。その意味をきちんと受け取り、これまでのパターンとは違う、よりベストな選択を創造していくことが創造性の発揮となり、自分自身が人生の創造主となれるのです。

神と人間の自由度の違い

昼の時代は「絶対的自由」を目指して、それが得られていく時代になると、先ほどお伝えしました。

では、神となる人間が得られる自由度とは、どのような在りようなのでしょうか？

ここで、「自由」という漢字に注目してください。

人間はこれまで、地上のルールや常識という枠がないと動けない存在でした。「自由」の漢字を見ても、「自」にしても「由」にしても、上にある縦棒が、下の枠を出ることはなく、横棒も枠に囲まれています。ここで上からきた信号とは、神から来た信号を表します。

つまり、上からの神の信号を受けるだけで、枠型から飛び出さないような自由度しかなく、右往左往するだけが人間の自由だったのです。

しかし、神の位置にいる存在たちの自由というのは、上の神から来た信号を、下の人間に出して、下の者にわけ与え提供していることを指しています。ですから「神」「神」の字の造りを見てわかるように、「由」ではなく「申」なのです。上から来た縦棒が下に突き抜けています。

これが、神といわれる位置の自由度です。

これから人間は、創造者として自分で創造したことを、これまでの常識や枠を超えて上下自在に、価値として社会や周囲に循環していく。

人間は「神」の位置へとレベルアップし、この自由度を体験していくことになるのです。

人類は周波数ごとのテーブルに分かれていく

于由の光が地上に満ち、昼の時代へと入っていくと、人類の認識は見えるものしか見えず信頼しなかった物質文明特有の3次元的な認識から、見えるものも見え、その背景にある見えないものも認識できる5次元以上の認識へと変わります。

もうすでに、5次元・6次元の認識で生きている人もいるでしょう。意識の次元が上昇する

環境から何をつかむか、それがこれからの自分の世界（自然）

～すべてはタイミング～

環境 ⇨ 侖然　（宇宙～地球）
大自然（山、川、空、海、湖、植物、動物、季節）
公然　（夜の時代の世の中、皆で造ったもの）
輪然　（昼の時代の世の中、一人一人違う世界）
自然　（今ここにいることにより造り上げる世界であり結果）

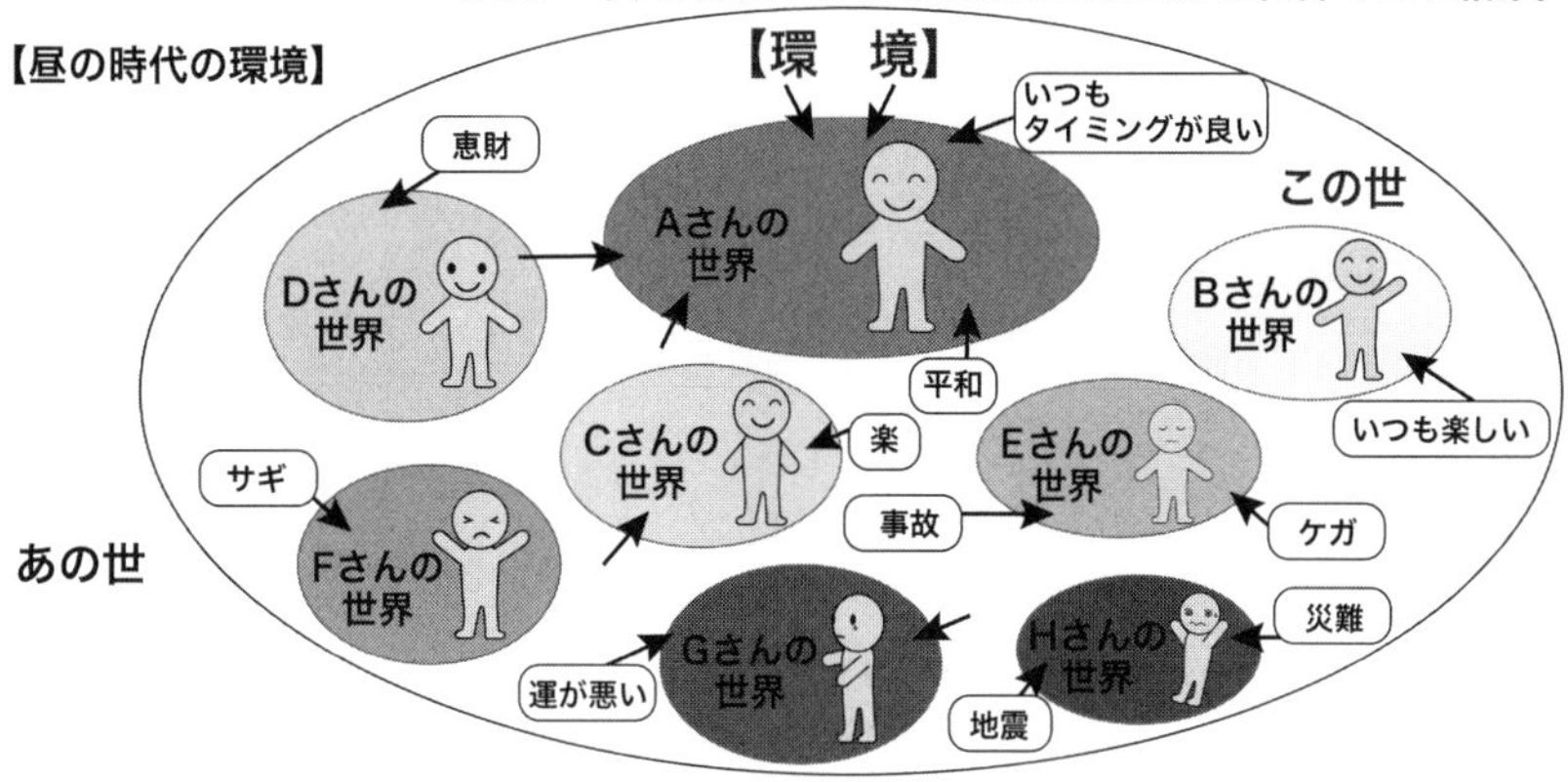

ことで、私たちの世界観が大きく変わるのです。

その世界観の変化とは、同じ人間であっても、見えるもの聞くもの、認識するもの、受け取るもの、思いや考え、放つ言葉など、すべての周波数が違ってくるので、自分に共振共鳴するテーブルに人々は分かれるようになります。

たとえば、6次元の認識の人はこのテーブル、3次元の認識の人はこのテーブル……。ですから、周波数が違う人とは、縁がなくなっていくのです。これが、昼の時代の特徴です。周波数ごとに行くべきところが分かれるので、目覚めた昼の時代の地球ともあまりに周波数が合わないとディセンション（次元下降）してしまう人もいます。

そのテーブルごとに、体験する事象も違うわけですから、3次元のテーブルでは洪水が起きているけど、5次元のテーブルでは洪水が起きた時間・場所にいない、ということが起こり得ます。今回のコロナウイルスもそう。恐れおののく人々のテーブルもあれば、まったく気にならないという人々のテーブルもあり、分かれていきます。なぜなら、周波数が共振共鳴し、周波数ごとに体験する現実が異なるからです。

前後1つ違うテーブルの人とは出会うことがあったとしても、基本的には違う次元のテーブルの人とは縁がなくなります。たとえば、7番テーブルにいる人が、11番テーブルの人とは縁ができないのです。

これまでは近くにいた人でも、あまりにも周波数が違ってしまうと、その人がいたことすら記憶からなくなってしまうかもしれません。逆に、自分と似たような周波数の人たちとの縁ができるわけですから、分かり合える仲間と出会い、楽になっていくでしょう。

自分が位置するテーブルは、自分が意図すれば移動できます。要は、自分がどんな「場」を求めるかによって、周波数が変わるのです。

とはいえ、今世持って生まれた魂としての器があるので、移動できる範囲はどうしても限られてしまいますが、一つずつ上のテーブルへ移動していくことは可能です。

周波数を上げていきたいと思うのであれば、「上のテーブルへ行く！」と強い意志を持って、手を伸ばしてください。そうすると、上のテーブルにすでに位置する人が、引き上げてくれるからです。

行きたいと思い、誰かが助けてくれると思っているだけで、自ら手を伸ばさなければ、誰も反応してくれません。宇宙は自ら助けるものを助けようとしますし、自分から行動すれば、上の人が気づいて手を差し伸べてくれるでしょう。

上のテーブルに位置している人にとっても、下のテーブルにいる人を引き上げることは学びとなります。お互いにとって、周波数を高めるための、良い経験となるのです。

昼の時代の地球の社会構造

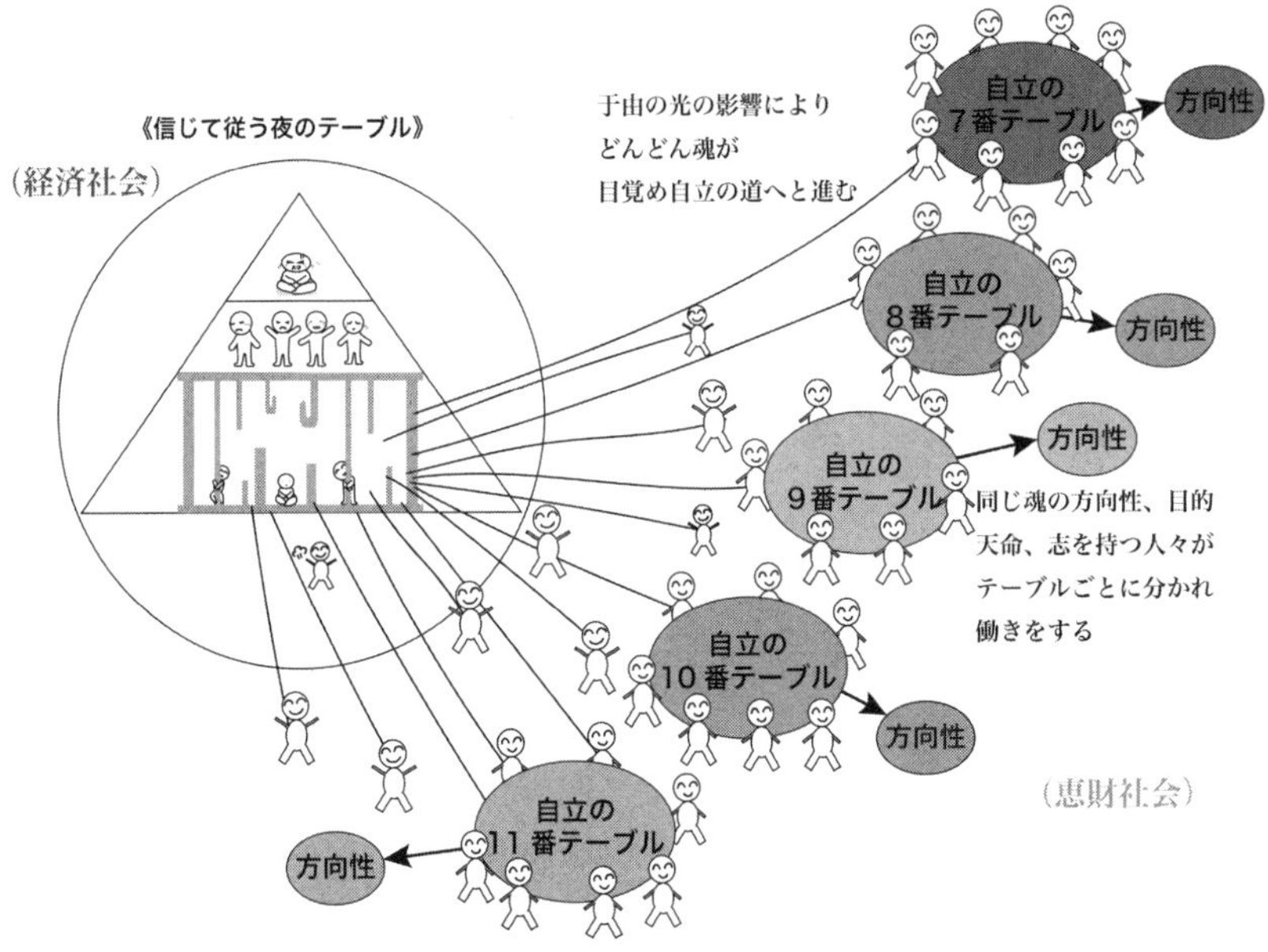

第3章

新たな文明を迎える準備

昼の時代への適合チェック

この章では、新たな昼の時代の文明に移行するために必要となる準備についてお話ししていきましょう。

まず、今のあなたは、これからの昼の時代の環境にどれくらい適合しているでしょうか？当てはまる項目をチェックしてみましょう。

【精心】

□やたらと時間に追われる感じがあり、常に気ぜわしい
□古いものや不要なものが捨てられない
□「～ねばならない」「こうあるべき」と思いまくる
□何を見ても聞いても楽しいと思えない
□頭で計算し、ものごとを考える
□人のことが常に気になり、競争意識が強い

□嫌なものでもことでも、我慢してやり続ける

□朝起きることが苦痛

【肉体】

□食事が美味しくない

□食事の量が減る

□やたらと疲れる

□尿や便の量が減る

□集中できない

【対人】

□嫌な昆虫、小動物が目につき始める

□嫌な昆虫、小動物から、嫌われ、攻撃され、害を受ける

□他人が争う場面に頻繁に遭遇する

□嫌な人、嫌いな人とやたら会う、目につく、近づく

□周りから、自分の悪口が耳に入る
□人とのトラブルが多くなる

【経済・恵財】

□高級品を身につけたいと思ったり、欲しがるようになる
□外に出ると不要なものが欲しくなる
□支払いが10日以上遅れることが多くある
□世の中の流行を追いたくなる
□宴をしている友人知人との話が、すぐにお金の話になる
□外に出ると銀行、金融、宝くじの看板がやたら目につく

【時間】

□ものごとを決めるときは、他人に頼り、自分で決められない
□他人に誠心誠意でも、自分には不正直
□自分のことより、世の中や他人のことに関心が向く

□郵便物がいつも遅れる
□目的の場所に行こうと思っても、時間どおりに着かない
□ふと思って行動したことがズレる
□人や物にぶつかることが増えた

【運全体】

□お金を充分持っていても、欲しいものや食べたいものが手に入らない
□仕事で目的達成に向かっているつもりでも、日常生活に支障をきたす
□気が合う人や縁をする人の多くが、「頑張ればなんとかなる！」的な発想をもっている
□事故や言い争いの場面に遭遇したり、険悪なムードの車両やバスに乗ってしまう
□一生懸命やっていても、すべてが噛み合わず、利益も結果も出ない
□勧誘やネットワークビジネス、魂胆をもった人の話に、付き合わされる機会が増えた
□今よりもっと働かなければ！　と思えてしまう
□考えばかりが先行し、ひらめきや気づきもない
□頭を下げ、謝ることが増えた

チェック項目はいくつありましたか？

チェックが少ないほど、あなたの意識と肉体は、昼の時代に適合しつつあります。夜の時代の価値観が残っているのはどの分野かを自覚して、ここから記す、これからの時代を平穏無事に生きる生き方を参考に、少しずつ軌道修正をかけて、昼の時代を迎える準備をしていきましょう。

昼の時代までの過渡期の今を平穏無事に生きる生き方

ここでは、チェック項目に対しての処方箋を、項目ごとに記していきます。軌道修正をかけるための参考にしてください。現代社会においては難しいと感じるものも多いと思いますが、生き方が変わる過渡期を無事に生きるために、徐々にできるようになってくるといわれています。

1.精心的に安定し楽しく生きるための方法

①何か起きても自分にとって必要で、善き事と思考し生きる
②常識にこだわらないこと
③よくない話、他人の話をしないこと
④自分にとって不要な記憶、学習をしないこと
⑤嫌いな人とは、付き合わないこと

2.肉体的に健康で元気に生きる方法

①食事は美味しく味の良いものだけを、腹7分め食べること
②夕食の時間を5時から6時30分の間に終えること
③寝る時間は夜10時までに床につき、（昼寝も含め）8時間以上寝ること
④行動はゆっくりすること
⑤嫌いな仕事はしないこと

3. 対人、人間関係を良くする方法

①何があっても他人を裁かない、縛らないこと
②他人に対して、お節介をしないこと
③他人に興味を持たないこと
④他人に対して、説教、説得をしないこと
⑤他人と無駄話をしないこと

4. 恵財的に裕福になる方法

①朝食の時間を守ること（起床して30分以内に食事を始めること）
②お金儲けのみに専念しないこと
③何かを買う時は、前払い、または代金引換で支払うこと
④すべての行動は楽しく、楽なことをゆっくり行う
⑤他人の真似をしないこと

5. 運を良くし災難、災害に合わない方法

①何をするにも行動はゆっくりと行うこと
②他人に気を遣わないこと
③何事もスムーズにいくことだけを行う
④嫌なものごとをしないこと
⑤団体行動をしないこと

「今、ここ」にいられるようにする

まず大切になってくるのは、外部からの情報ではなく、自分自身の魂から来る信号と繋がって生きるということです。では、自分自身の魂からの信号や情報と繋がるには、どんなことを心がけておくとよいのでしょうか？

それは、できるだけ自然体で、「今、ここ」にいるようにしておくことです。

過去の囚われ、将来の心配、メディアが必要以上に流すウイルス情報に恐れたり、人間関係のことでいつまでもクヨクヨしていると、「今」からズレてしまい、本来、自分を生かしてくれる情報やエネルギーを受け取れなくなってしまいます。

「今、ここ」にいると、エネルギーを受け取ることができます。魂は自然を通じて「上」から、自分の方向性や共に歩む対人関係に対する、「情報エネルギー」を供給してきますが、それが受け取れるようになります。「前」からは肉体を維持していく「生命エネルギー」を、そして「下」からは豊かに生きるために必要な「物質と恵財のエネルギー」を供給してくれるようになっているのです。

VUCA時代の過渡期において、「今、ここ」にいることを意識して、先に記した「これからの生き方」を実践できるようにしていれば、一人ひとりの魂に応じたベストなタイミングで必要な情報がもたらされていきます。

「今、ここ」に自分自身を戻すために、私がおすすめしているのは、ひとりでゆっくり自然の中に身をゆだねてみたり、一人旅の温泉旅行などに出かけてみることです。

「今、ここ」にいることで必要な情報がキャッチできる

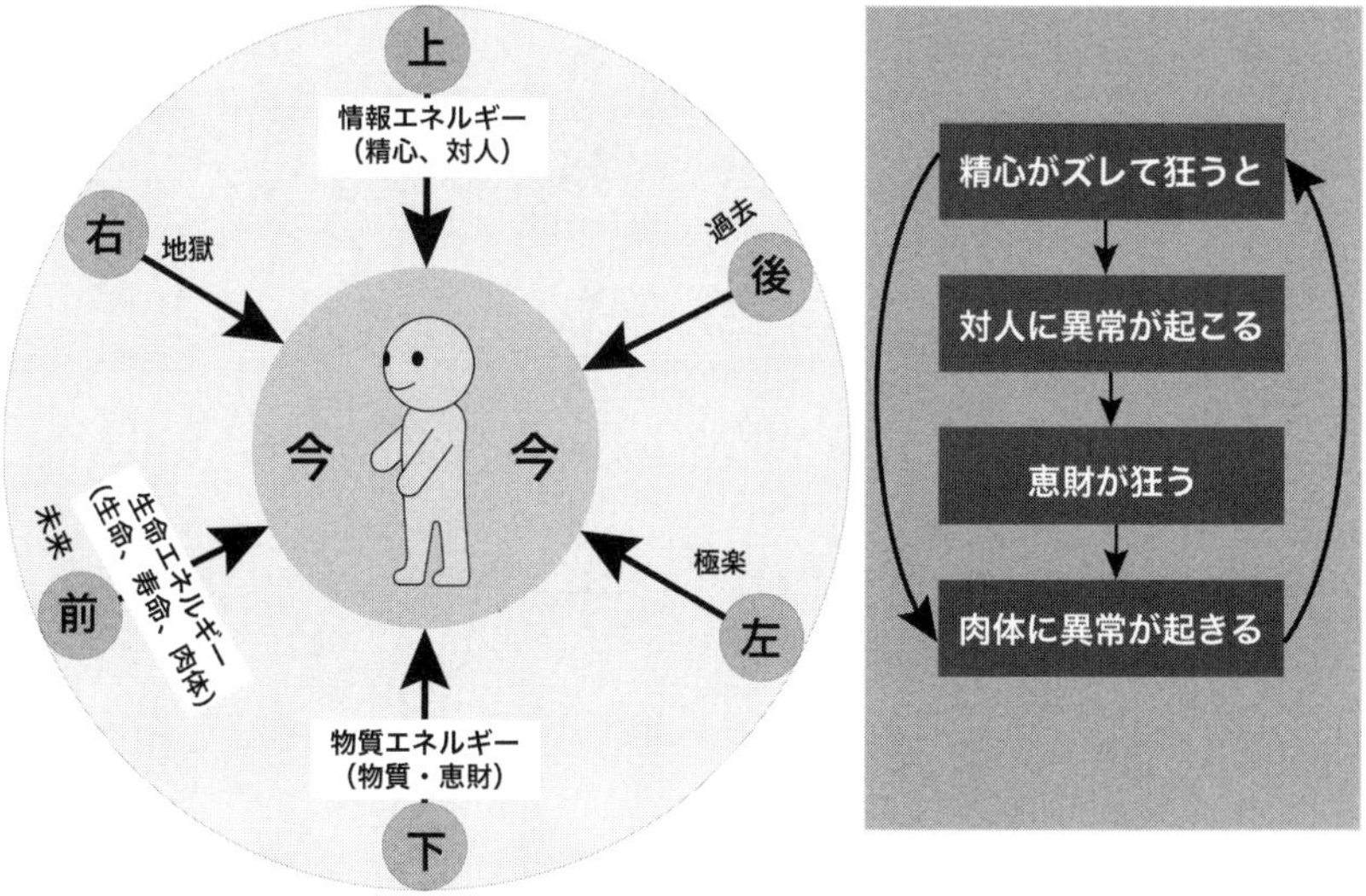

ひとりでいることにより、人に気を使うこともなく、自分自身の内なる声や魂からの信号と繋がりやすくなります。すると徐々に自分にとって無駄な情報や負の感情というゴミが落ちて、本来のエネルギーが高まってきます。

自己エネルギーが高まると、今に必要な魂からの気づきが得られるようになってくるのです。

ひとりの時間を長く持つことのメリット

あなたは、1日のうちで自分ひとりの時間をどれだけ持っていますか？

ひとりの時間を多く持てば持つほど、自分本来の魂からの情報空間が広がり、直感的に将来の方向性や先のことが見えやすくなるという法則があります。

左の図にあるように、時間軸の長さと空間の広がりはイコールの関係にあります。この空間というのは実際の空間ではなく、自分の中にある、さまざまなことを見通せる感覚的な世界のことです。

時間と空間の関係

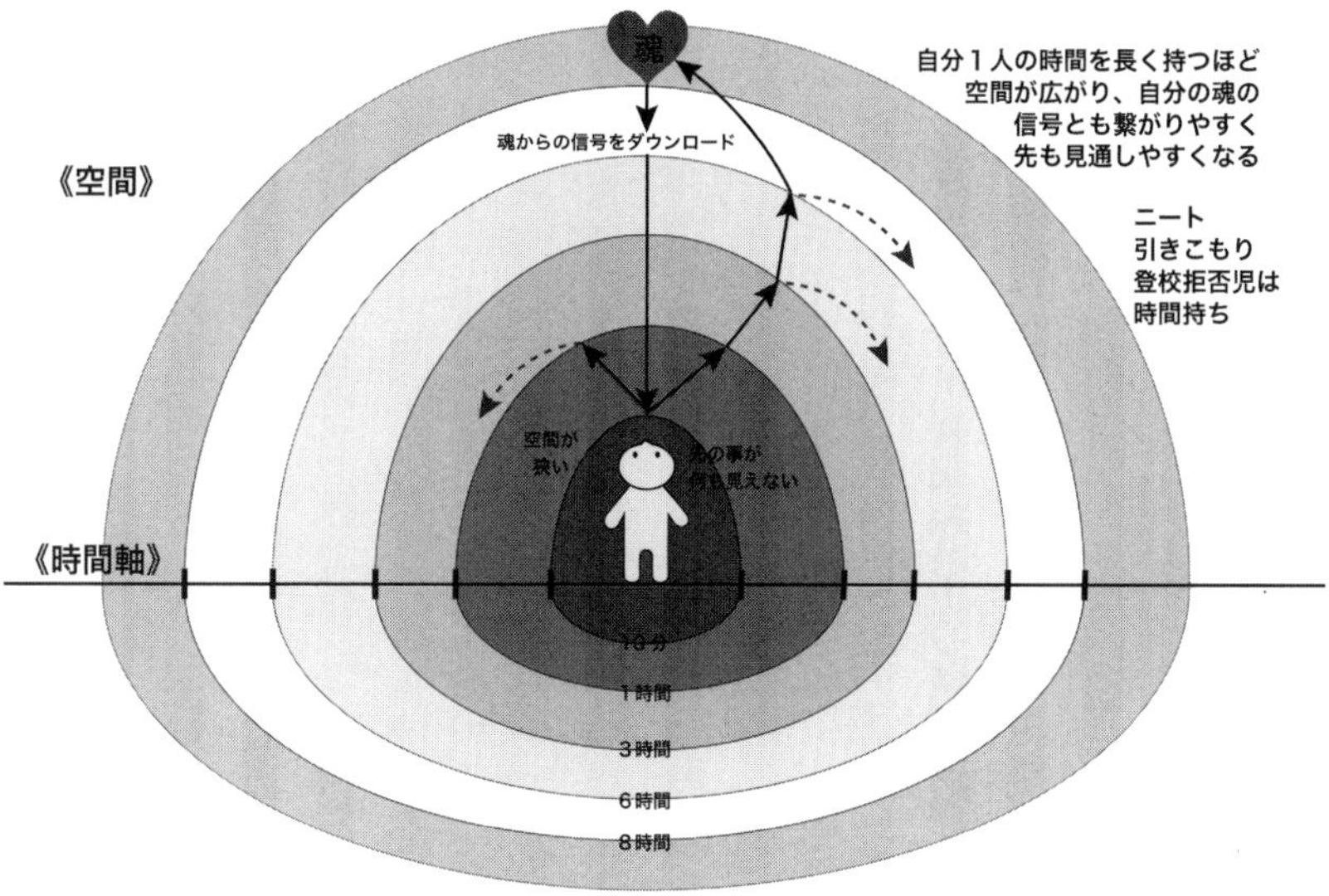
魂
自分１人の時間を長く持つほど
空間が広がり、自分の魂の
信号とも繋がりやすく
先も見通しやすくなる
魂からの信号をダウンロード
《空間》
ニート
引きこもり
登校拒否児は
時間持ち
空間が
狭い
先の事が
何も見えない
《時間軸》
10分
1時間
3時間
6時間
8時間

もし自分ひとりの時間が1日10分だけだとすると、空間の広がりがありません。そうすると、人生においての岐路で2択を選択しなければならない時、先が見通せていないがゆえ、選んだ道は、先が途絶えた崖っぷちだった、ということだってあり得るのです。

もし自分の時間を1時間、3時間、6時間……と長く取れば取るほど、先を感じられる感覚的な空間が広がり、選択する場面でどっちに進むべきかが瞬時に見えるようになってきます。

さらに、自分の感覚的な空間が広がるということは、当然のことながら魂領域まで空間が広がるということになります。常に自分の魂と繋がりやすくなり、そこから今を生きる上での最も大事な信号をキャッチできるようになるのです。

そういう意味では、ニートや登校拒否、引きこもりの人たちは〝時間持ち〟ですから、周りがとやかく言わなければ、じつは案外自分の将来のことを感覚的に掴んでいるのかもしれませんね。

著書『地球大転換時代の生き方とＮＥ運命解析学』の中で、私自身２００７年から3年間、外部との交流をできるだけ絶ち、食ちゃ寝生活をしていたことで、世の中の価値観や無駄な思い込みが落ち、さまざまなことがわかるようになったという経緯を記しました。コロナ禍の現代では、むしろやりやすいといえるかもしれません。

夜の価値観だと、ひとりでいることは「孤独で淋しい」という思い込みになりがちです。しかし、ひとりでいる時間ほど、自分の魂や宇宙自然、サポーターズなど、私たちを生かしてくれているいろいろものと繋がっていることに気づくことができます。

人は孤高でいる時、決して孤独ではありません。その中で、魂との繋がりを感じられると、過渡期においても、自分の足で迷いなく道を選択し、歩いていくことができるのです。

スピ系に依存している人は要注意

私はこれまで数多くの方の体や心、人生における悩みのご相談を受ける仕事を生業としてきました。宇宙や魂の真理、塵芥にまみれたこの世界で、どうしたら目の前のクライアントさんが望みをかなえ、痛みから解放されてしあわせに生きられるのかということを、20歳そこそこから探求し始め、かれこれ30年の月日が経ちました。

持ち前の探求心で、さまざまなところにご縁させていただき、精神世界のピンからキリまでたくさんの人々に出会い、一見、相当怪しい体験もいくつもしてきました。そこで気づき学び、俯瞰した視点を身に着け、軌道修正を繰り返しながら今に至っています。

昼の時代は高度精心文明となっていくので、これまでの夜の時代の価値観や宗教だけでは答えが得られにくいこともあり、多くの人が精神世界やスピリチュアルといわれる世界を求める傾向になっていることはよくわかります。

しかし、最近見聞きする中で、安易で浅はか、良いとこ取りのスピ系に、妄信して偏ってしまい、地から足が離れ、結局、自分の人生をおかしくしている方々が増えていることに懸念を感じます。

見えない世界というものは、想像する以上に深遠で奥深く、それゆえにロマンもあり探求心も掻き立てられます。しかし同時に、深い闇も手ぐすねを引いて横たわる領域でもあると、どれほどの人が理解しているでしょうか？

見える・聞こえるという霊能的なことに憧れたり、チャクラを開く、過去世を知りたがる、宇宙人やUFO、引き寄せ、龍神、パワースポット、パワーグッズがしあわせを運ぶ……といったものが巷で流行っているようです。楽しむだけの趣味の世界ならまだしも、真剣に人生を良くするためにそういったものに簡単に飛びつくだけでは、人生は根本から良くなることはないのです。

霊能者は夜の時代の専売特許だった

見えない世界というのは、思い込みが激しく介入する世界です。霊能者やチャネラー、サイキッカーを信じて妄信するのではなく、これからの昼の時代は、自分の悩みや疑問は、自分の内から答えを見出すという思考の癖をつけていきましょう。

宇宙人生理論では、霊能というのは人々が目覚められない夜の時代の専売特許であり、背景に自分以外の何らかのものが憑くことで起こる事象と定義しています。昼の時代においては、霊能者はしだいに、お役御免で消えていくものといわれています。

なぜなら、昼の人種は、于由の光で魂が目覚め、そこからの信号で自分の人生の悩みや迷いは自分に聞いて自分で答えを出していく時代になるので、霊能者に聞く必要はなくなっていくからです。

人のことはわからなくても、自分のことは自分でわかる。そんな、皆がサイキックの時代が到来します。

多角的多次元的な視野を持つ

過渡期の今、大切だと思うことのひとつは、「多角的多次元的な視野でものごとをとらえる」ということです。

実際、現代社会において、10年前に比べても加速的にさまざまな学問が進化しています。摩訶不思議なことであったり、見えない世界の領域、魂的な事象であっても、量子力学や量子生物学、神経寄生生物学、最新の脳科学、宇宙考古学など、あらゆる分野の学問で解明されてきています。

もちろん、まだまだ未知なことは膨大にありますが、少なくとも精神世界やスピリチュアル系だけに固まってしまうと偏っていきます。時には他の分野に目を向けてみることも大事なのです。案外、その中に求める答えがあった、なんてことは大いにあるのですから。

私たちは今後、魂の目的のもとに立つ「自立」を促されていく時代になりますが、自分の魂の目的がわかったとしても、「魂職」として、他とは一味違うブランドを作り上げ、恵財を循環していくためには、社会を俯瞰して見る知性と感性、恵財を得るためのスキルと知恵も必要です。

ひとつのことに対し、さまざまな情報をすり合わせて、多角的な視点から見ることは、目覚めた脳にさらに拍車をかけていきます。多角的多次元的な視点で見ていくことは、自分にさらなる磨きをかけ、自立に向かう上でもとても大事になってくるのです。

精神世界を好んだり探求する人々には、それぞれ相当な段階があります。まだまだ霊能者に依存して生きている、幼い認識しか持てない幼稚園クラスの人々から、相当なレベルのことまで理解でき、実際の社会においても自分で独立したり起業していたり、トップクラスで活動している、大学クラスといった人々まで……。

魂に磨きをかけた精心性の高いクラスの人々は、皆一様に地に足をつけ、自分の魂の目的のもと自立して立っている人が多いものです。そういう人々は、スピリチュアルな情報を深く知っていても妄信せず、多角的な広い視野を持っています。

私自身、これまでに非常に多くの方々と出会う中で、多くの精心性の高い人々から学ばせていただき、インタビューする機会に恵まれてきました。そういう人々は、スピ系ではなく、本来の「スピリチュアリティ」を理解しているのです。

若い頃に出会って感銘を受けたひとりに、ある年配の占い師がいます。代々家系に伝わる秘伝の術を使っていた方でしたが、非常に素晴らしいと思えたのは、その考え方でした。

彼はこのように言っていました。

「見えないものを扱い、人の人生にとやかく言う立場にいる人間が、占いの技術や霊力だけで人にあれこれ言うのは、人の判断する能力を奪い、依存させる支配者や教祖になるのと変わらない。実際、そうさせている人も多いようだが、そういう人は、決して良い死に方はしない。自分は、人がより良く生き、人生に起こる問題を解決するために最低限必要な現実的なお金の回し方や、株価のこと、世を支配している人々のことやその歴史、民俗学、文化人類学、政治、地政学、心理学、医学、国の軍事的なことなど、あらゆることを視野に入れ、臨機応変に話す。

そして、相談者の恋愛の悩み相談のような、ある意味どうでもいい相談は適当にして、運気を見た上で、たとえこの国が滅びても、その人が将来きちんとご飯を食べて生きていけるための知恵や術を話しているのだ」

私は「なるほど……」と深く感銘を受け、私もそうなれるよう意識したものでした。

その何年か後にマスターに出会うのですが、マスターは大宇宙の構造から、あの世のこと、次元のこと、この世にある学問、宇宙物理や量子力学にはじまり、歴史も医学も自然科学も、あらゆる分野の学問に精通していました。

そしてマスターから言われていたことは、「この理論を話すには、人から何を質問されても、わかりやすく答えられるように、いろいろな学問をある程度学んでおきなさい」ということでした。要するに、多角的多次元的な視野を持つことを促されていたのです。
それゆえ、私は精神世界のみならず、できるだけ多くの学問や情報を多角的にとらえ、宇宙人生理論と融合し、フューチャリストとしての視野から物事を見るようにしています。
現在の有象無象の情報社会の中で、多角的多次元的な視点を持つということは、私のみならず、多くの人が情報に振り回されずに、自分の魂の目的にあった価値ある情報を取得していく上でも、大事なことのように思います。

凝り固まった狭い視野からではなく、あらゆる角度から物事が認識でき、検証し見極めていく柔軟な視点を持つことは、今を生きる上で重要な力となるのです。

このVUCA時代の過渡期は、良いとこ取りのスピ系を少し知っただけで難なく越えられるほど、そんなに甘い時代ではありません。さまざまな現実的な状況に直面することも多いでしょう。自立に向かうマインドと多角的多次元的な視野を培い学ぶ姿勢、そして現実をクリアしていく胆力が養われていなければ、すぐに不安に苛まれ、容赦なく振り落とされていきます。

今、宇宙から求められる人類の霊的進化のスタイルは、**依存ではなく魂の目的のもとに立つという「自立」**です。

そのためには、これまで依存していた何かから独立したり、魂の目的のもと学んだことで自立や起業を意識してみる。自分がエネルギーの起点となり、直接人や社会とかかわり、価値を創造し循環し貢献していく。そんな時代になっていくのです。

無自覚レベルに刻まれた「隠れた人生の方程式」を書き換える

夜の時代から昼の時代へとスムーズに移行するにあたり、先に書いた外部の情報の対処法と同様に、私たちの内なる内部情報に対する対処策も重要です。

先祖代々、子孫に受け継がれてきたことや、夜の時代を生き抜くために魂的に繰り返し選択してきた、無自覚レベルに刻み込まれている信念や固定観念、反応や思い、考えをシフトさせていくことは容易ではありません。

この無自覚レベルにあり、人生の強固な「ひな形」になっているものを、私は**「隠れた人生**

の方程式」と名付けて呼んでいます。
無自覚であっても、常にこの方程式どおりに人生の結果を生み出し、遭遇してしまうのです。ここを深堀り、無自覚の方程式を意識的に自覚し再選択していくことは、これまたとても重要になります。

人生を変えようと、さまざまな知識や情報を得たとしても、人の深層心理構造の中に「隠れた方程式」があることを理解しないと、変化すべき時代のターニングポイントが来ても、人はなかなか変化していくことができません。
これを、樹に例えて考えてみましょう。

あなたの抱えている問題が、人間関係という枝だとします。そこから枝分かれして、親子、夫婦、友人、上司などの葉っぱがあります。別の枝には、経済、または健康などがあるかもしれません。人生全般に問題がないというのは、バランスよく果実が実ることになります。それは、木の根が吸っている養分が健全な状態です。
ここで、問題だと感じている葉っぱだけをむしったり、枝だけを剪定しても、同じ根っこか

隠れた人生の方程式

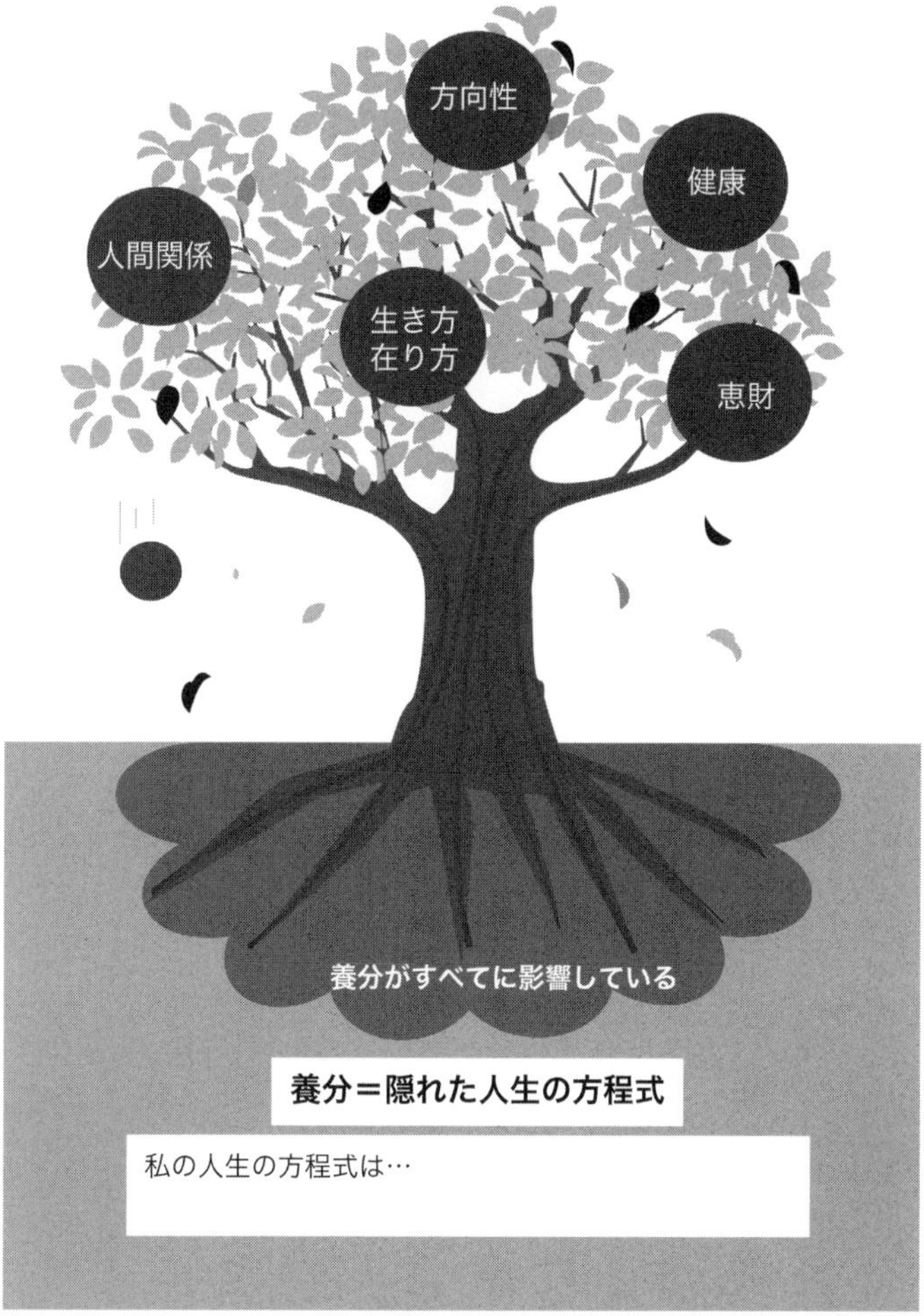
方向性
健康
人間関係
生き方
在り方
恵財
養分がすべてに影響している
養分＝隠れた人生の方程式
私の人生の方程式は…

ら育っているため、樹はより良く成長できません。果実にならずに常に問題があるのは、根っこが吸っている養分に問題があるからです。この養分に何と書かれてあるか。これが、隠れた人生の方程式です。

私はこれまでに、人生がなかなか良くならない、または繰り返しのパターンに陥ってしまう人に、隠れた人生の方程式のセッションを多々行ってみました。それらの人々の無自覚を深掘ってみると、本人さえ気づいていなかった、ちょっとおぞましい方程式が、無自覚レベルに色濃く刻まれているケースが多いのです。

どんな方程式が刻まれているのか、いくつか例を挙げてみましょう。

人間関係でいつもトラブルを起こす人の、隠れた人生の方程式は
「私の人生の方程式は、自分だけではなく、周りの人も一緒に滅ぼしてしまいたい」
深刻な病気を患っている人の、隠れた人生の方程式には
「私の人生の方程式は、人生とは生き地獄」
自立したくてもできない人の、隠れた人生の方程式は

「私の人生の方程式は、私は常に、自分を信頼しない」
借金を長いこと返済できない人の、隠れた人生の方程式は
「私の人生の方程式は、生まれた時から貧乏、どうせうまくいかない」
人との比較観念が止まらない人の、隠れた人生の方程式は
「私の人生の方程式は、私は、人よりも劣っている」
いつまでたっても自分に自信が持てない人の、隠れた人生の方程式は
「私の人生の方程式は、私の出す答えは、いつも間違っている」

こんなふうに、無自覚の深いところに刻まれていたのです。
この隠れた方程式が自分の人生の養分であったとしたら、「より良い人生」という結果の果実を得られるわけがないのです。

個人的な無自覚だけではなく、代々家系的に先祖の信号として引き継いでいるものもあります。脳科学でいう0~13歳頃までのコンフォートゾーンができ上がる時に、家庭環境の中で刷り込まれたものや強烈な出来事の印象で、自分が作り上げてしまっていることもあります。

総じて、こんなふうに人生を思い込んでしまうこと自体、魂の癖や罪状からくる思考であるともいえるのです。

ですが、ここを浮き彫りにして、新たな自分の望む人生へと方程式を書き換えて、無自覚レベルで定着させ、そこに基づいて行動をしていけば、これまでとは違った人生の結果を味わうことはできるのです。実際に、おぞましかった人生の方程式を書き換えることで、人生の結果が変わり始める人々もいるのですから。

「自分の隠れた人生の方程式には、なんて書いてあるのだろうか。自分の深い心の中には、何があるのだろうか」と思われるかもしれませんね。自分の根底にある人生の方程式を知るには、自分を深掘りする必要があります。

WORK

隠れた人生の方程式を知る

A子さんを例にしながら、あなたの隠れた人生の方程式を見つけてみましょう。

❶まず、あなたが今、人生の問題だと思うことを書き留めてください。

A子さん「人間関係がいつもうまくいかない」

あなた「　　　　　　　　　　　　　　　　」

❷書いたことに対して、その問題を人生で体験するということは、自分の心の根底に、その事象を作り上げる思考の癖（罪状ともいう）があるのですが、どのような思考の癖があると思いますか？

A子さん「私は、いつも人から好かれない、人に嫌われると感じてしまう」

あなた「　　　　　　　　　　　　　　　　　　　　　　　　　　」

❸書いたことに対して、その思考の癖は、事実だという証拠はありますか？」

A子さん「事実？　実際、私は人から、あまり相手にされないし……会話も弾まない」

あなた「　　　　　　　　　　　　　　　　　　　　　　　　　　」

「その根拠はありますか？」

A子さん「根拠？　普段からそんな感じで……」

あなた「　　　　　　　　　　　　　　　　　　　　　　　　　　」

「普段からそんな感じという事実としての証拠はありますか?」

A子さん「……証拠?……」

あなた「　　　　　　　　　　　　　　　」

ここで大体の方は、「ん? 根拠?? 根拠も、証拠もない……」と気づきます。

そこから、まだまだ事実だと思い込んでいる言葉を深掘り、言葉に対し、禅問答のように「その根拠は? 証拠は?」と繰り返し問いかけていきます。

そうすることで、問題が起きたのは、おおかた自分の思い込みや刷り込み、思考や感情の癖が原因であることに気づくのです。心の深層に迫れば迫るほど、人は見たくない自分に直面するので、感情で抵抗してくるのですが、抵抗を感じるということは、その付近に問題を起こす隠れた方程式があるのです。

❹深掘りが進んで、心の深層にある隠れた人生の方程式を見つけ出します。
A子さんの隠れた人生の方程式は「私の存在は周囲を不快にする」というものでした。あなたは、どうでしたか？

あなたの隠れた人生の方程式

「　　　　　　　　　　　　　　　　」

隠れた人生の方程式に行きついた時、今度は、その方程式を抱えたままの自分の、2〜3年先の将来のヴィジョンをリアルに感情を感じるくらい、想像してみましょう。その未来のヴィジョンは悲惨すぎて、心底、そんなふうにはなりたくないと思えたら、より良い人生の方程式を考えるステップに入りましょう。

❺人生の方程式を書き換えます。
「本当はいつも、どうしたいのか？」

「この人生で心から得たいものは何なのか？」
「どういう人生を生きたら魂が救われ、また満たされるのか？」
これらの問いに、答えてみましょう。

A子さん「私は、人と温かい交流をしたい、人の役に立つ存在でいたい」

あなた「　　　　　　　　　　　　　　　　　　　　」

❻次に、実際に見えている環境の中でも、自然界の中のイメージでもよいので、そのヴィジョンを体現しているあなたを象徴的に表すものを探します。そしてこれだと思えたものの造形、色、働きを言葉で表現するか、もしくはイラストに描きましょう。

A子さん「大地や人を温かく照らす太陽。燦燦と輝き、明るく寛大で、朗らか」

あなた「　　　　　　　　　　　　　　　　　　　　」

❼そこから新たな「隠れた人生の方程式」を作り上げていきます。

A子さん「私の人生の方程式は、私は、慈愛に満ちた温かい光。身近な人に生涯、光を放ち続けている」

あなた「　　　　　　　　　　　　　　　　」

この新たな方程式で2〜3年先の将来のヴィジョンを、感情を感じきれるようになるまで、想像してみましょう。体や心が緩んだり、ほっこりした良い感じになったら、今度はその方程式を定着させるため、今からすぐにできる行動をひとつ思い浮かべ、行動してみます。その後に、徐々にできることをリストアップし落とし込んでみましょう。

いかがでしたか？

深い無自覚の方程式に辿りつくまでには、見たくないし、感じたくないものの層を通過しないといけません。ですから意識的に逃げてしまい、ひとりでやろうとしても難しいかもしれません。難しい場合は、セッションとして受けるのがおすすめです。

魂と繋がるためには、この世の情報も既成概念も疑ってみる

隠れた人生の方程式を見つける上で使う問いかけは、全方向性社会になりつつある今、夜の時代の一方向性社会の枠組みを外していくためにも効果的です。

日頃から、「ものごとはこうである」と信じ込んでいると、それはすでに思考停止状態に気づいていない状態といえます。今や、世にある既成概念すら機能しないご時世です。

「この出来事に対して私はこう思うけど、果たしてそれは本当か？」

「自分が勝手に真実だと思い込んでいるけど、視野狭窄になっていないか？」

このように、この世の既成概念も疑ってみてください。

過渡期の社会は、尾ひれ羽ひれがついた、二番煎じ三番煎じ、はたまた五番煎じよりも薄まった有象無象の情報に溢れかえっています。

外部の情報に影響も操作もされず、振り回されないためにも、こういった問いかけを日頃からすることは、自分の魂と繋がり、その目的を体現して生きる昼の時代においてとても重要なのです。

時間の概念のシフト

夜の時代の認識では、「過去↓今↓未来」という時間軸のもと生きていました。しかし昼の時代では、人の認識する時間の概念も変わり、すべて「今、ここ」にあると同時に、自在に「未来↓今↓過去」からも流れるという認識で生きられるようになります。

2015年の春、「タイムリープメソッド」と名付けたワークが突如降りてきました。そのイメージをメモした後、15分ほどで大まかな概要をまとめ、その後に肉付けをすることで、5ステップからなるワークを作り上げました。

名前のとおり、その人の人生における過去・今・未来をタイムマシーンのように行きつ戻りつして、自分自身の人生と向き合い、過去に起こったことの意味を理解し、今回の人生の目的を見出し、これからの過渡期と昼の時代の人生を飛躍させていくきっかけにしていただくためのワークです。

【0ステップ】　魂と繋がるルートを見出すステップ
【1stステップ】　過去を終了させ過去からパワーを得る棚卸ワーク
【2ndステップ】　今日、明日を効果的に変える、未来引き寄せワードの書き方
【3rdステップ】　今にスペースを空ける
【4thステップ】　魂の時間をスタートさせるためにより良い未来のための上書きワーク
【5thステップ】　あなたの「未来の予言書を書く」

この中には古くから継承されているものもあるようだと後から知るのですが、２０１５年以

降から、どうやら人々の時間の認識のシフトや、先祖の信号が少なくなることによって、記憶や脳の使い方が少しずつ昼用にシフトされているので、この手のワークは昔よりもはるかにやりやすく、機能しやすいというのが現状の空間になってきているようです。

私の創り出すものはすべて宇宙人生理論の考え方をベースにしています。タイムリープメソッドも、まさにそれがベースです。

大宇宙の法則で最も理解しておくべきことは、因果律の法則です。魂的な罪状は、当然のごとく、この人生において至る場面で立ち現れてきます。でも多くの人は、これまでの〝ある概念〟のもとに人生をあきらめてしまい、痛みを引きずりながら、心のどこかで常に葛藤を抱え、ままならないと感じる人生を繰り返し生きてしまいがちです。

その〝ある概念〟こそが「**時間は過去から未来に流れる**」というものだったのです。

タイムリープメソッドの前提

これまでの人類の認識として、時間は「過去↓今↓未来」にしか流れないという思い込みがありました。確かに、そういう時間の流れ方もあります。しかし、その認識は、夜の時代の定説に他なりません。

過去は変えられないと思い込んでいるがゆえに、過去を長らく後悔したり、見たくない感情を封印し誤魔化したり、あきらめたりしてしまいます。さらに、過去は変わらないから、未来だけを見て生きればよいと思い込んでいることもあります。

じつは、それでは未来においても現実はなかなかより良くシフトしていかないのです。

昼の時代になると、**時間は「今、ここ」に未来も過去も同時に存在し、かつ未来からも流れてくるという時間軸も存在する**ことに気づけるようになります。

つまり、**「過去は変えられる」**という認識にかわるのです。

そうなると、過去は今にも未来にも存在し、未来も今にも過去にも存在するのです。

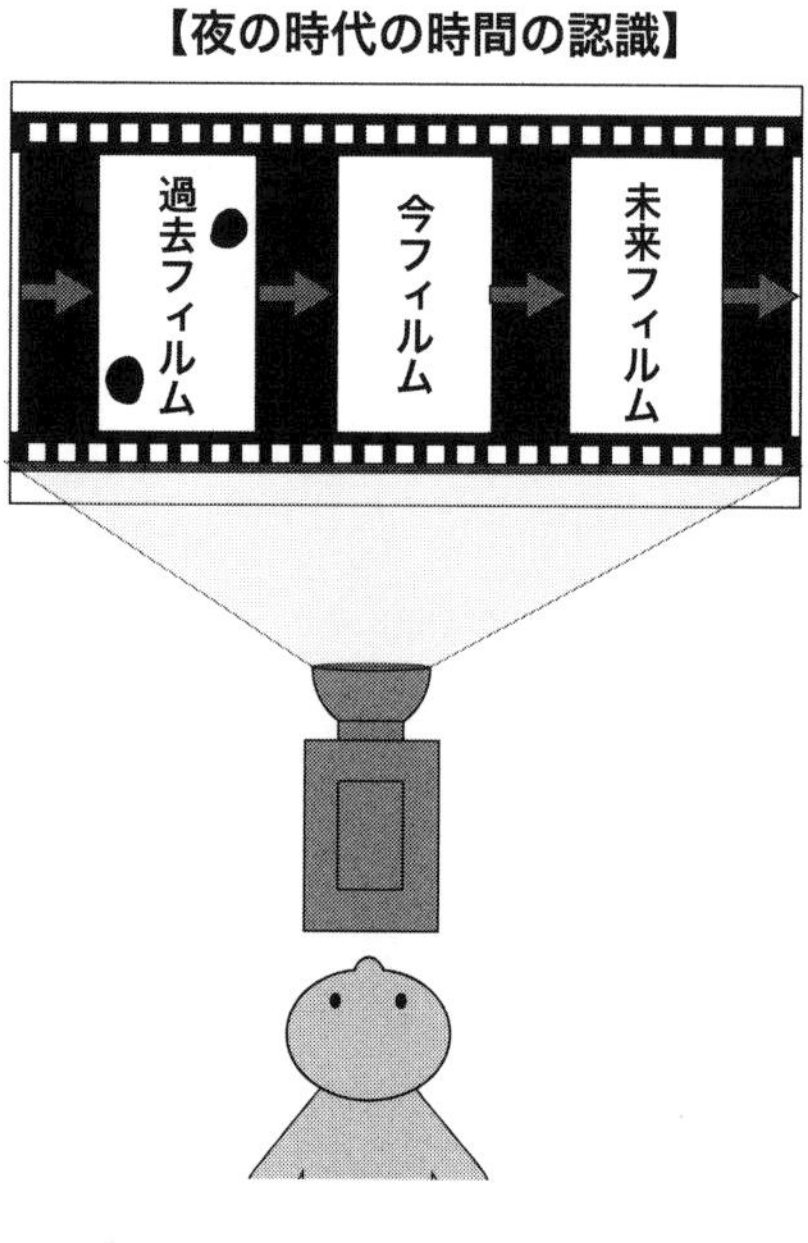
【夜の時代の時間の認識】
過去フィルム
今フィルム
未来フィルム

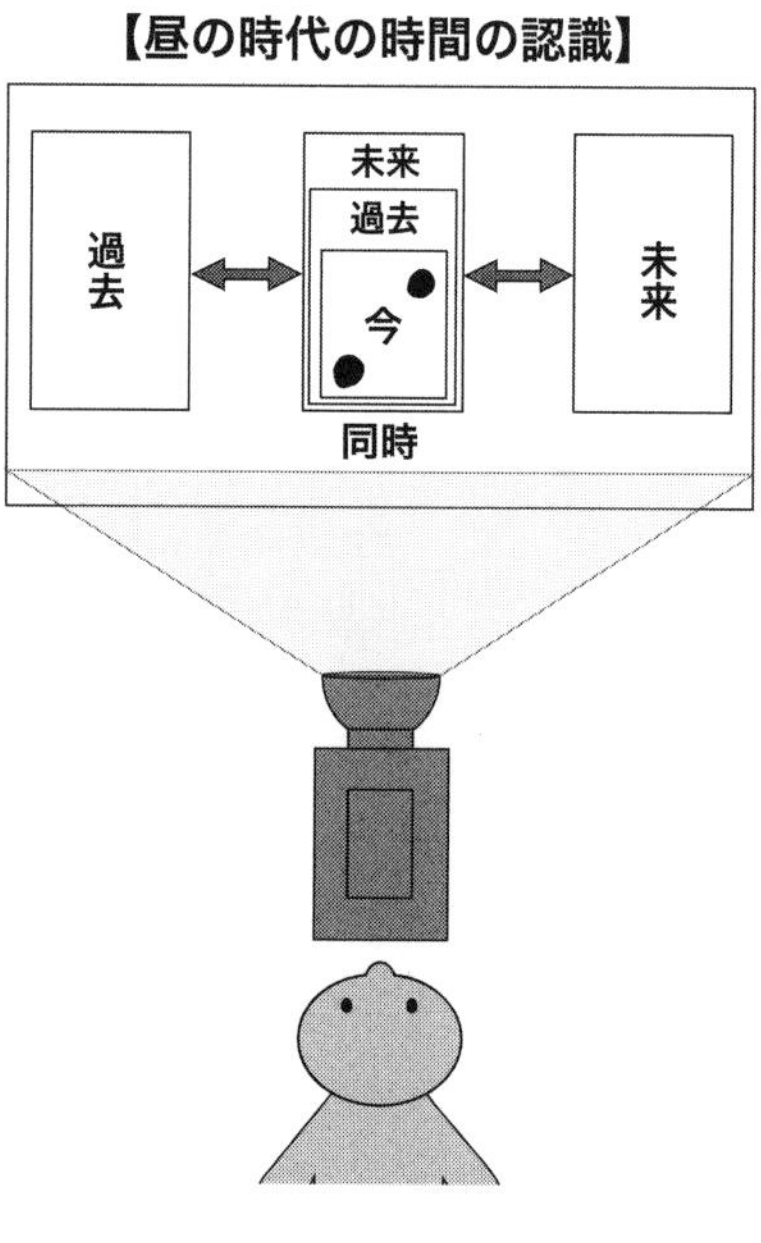
【昼の時代の時間の認識】
過去
未来
過去
今
同時
未来

例えていえば、過去と今と未来は映写機の3枚のフィルムです。そのフィルムが1枚ずつではなく、重ねた状態でスクリーンに映し出されるようなものなのです。

過去のフィルムにシミが付いていた場合、今や未来をどんなに良く映し出したいと思ったとしても、過去のフィルムのシミを消さなければ、そのシミは今や未来のフィルムと重なったままなので、すべてのシーンでスクリーンにシミや傷が映し出されてしまいますよね。この過去のフィルムについたシミや傷とは、過去に学び切っていない出来事を表します。

人生において過去に学び切っていないこと、やり残していること、放置していることがあるとしましょう。魂的な視点から起こった意味に気づいて、それらをもう一度きちんと直視し学びきり、過去を終わらせていかないと、魂は何とかそれに気づかせようと、あらゆる不都合を起こしてきます。それが今にも未来にも、同時に存在していくことになるのです。

ボリュームが大きくなったわかりやすい事象としては、病気であったり、心や体の痛みとして現れます。

シミを消すということは、魂的な因果律から理解する視点を持ち、今、目の前にある不都合を通じて、そこから過去において学び切っていない大事なことに気づき学びきると、罪状は昇華され、症状や状態は役目を終えて消えていくのです。

もっと俯瞰した魂的な見方をすれば、過去の輪廻転生でやり切れていなかったことや、学びきっていない罪状は、今回の人生においても持ち越していて、それを学び切るまで同じことを繰り返すという、繰り返しの人生のパターンとなってしまうのです。

逆にコツコツと培い累積した才能は、今回の人生で花開くということにもなります。

タイムリープメソッドのファーストステップでは、時間の概念を外し、「今、ここ」にいながら過去の場面から魂が本来学ぶべきことのうち、終了し切っていないことを、自ら気づき、昇華していきます。

この宇宙に存在する魂を持つ生命体は、どこまでいっても、進化するための学びを最優先課題とするプログラムを有しているようです。その進化の目的を成していくには、例えていえば筋肉を大きくしようとした時と同じで、多少の負荷をかけないと筋力アップにはならないのと同じことがいえるのです。負荷というものとどう向き合ってクリアするのか、負荷というもの

過去のくびきはよく見て引き抜く

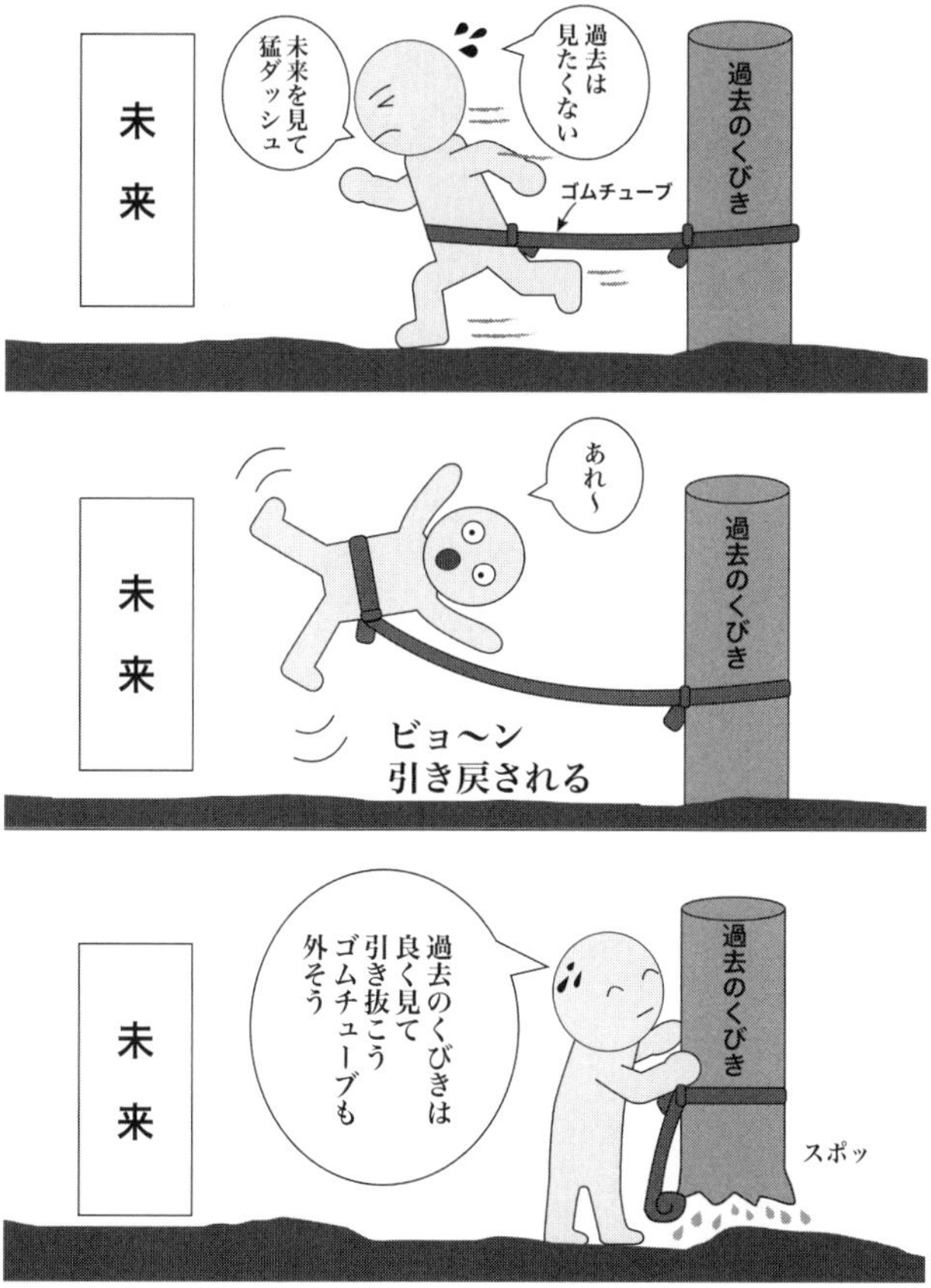

が、ままならないと感じる人生の出来事や痛みであっても、そこにも魂を進化させていくために意味があるということなのです。

意識ではどんなに逃げたくても、魂がどれだけ転生を重ねても、学び切っていないものには向き合わせようとしますから、逃げようがありません。

だからこそ、私は、今回の人生できちんと自分の罪状と向き合って、そこから学び昇華させてしまえば、飛躍的に人生は進化していくとお伝えしています。

実際、夜の時代を生きた多くの人々は、人生の痛みというものに対しての向き合い方を知らされてはいなかったのです。過去のことは忘れて未来だけを見て、得たい未来へ猛ダッシュしても、魂的に学びきれていない過去を杭とするならば、その杭から自分の体にゴムチューブを巻いて、得たい未来に走っても、ゴムチューブの張力により、いずれクリアしないといけない罪状に引き戻されてしまいます（２４３ページ参照）。

「歴史から学ばないものは、より良い未来を構築することはできない」という格言にもあるように、自分自身の歴史（過去）を紐解き、向き合い、学び切れていないものに気づいて学び切って終わらせてしまったほうが、未来は加速的に良くなっていくのです。

過去を終わらせたことで消えた痛み

では、具体的にどのように過去のフィルムについたシミや傷を消去することができるのでしょうか。私がスポーツトレーナー時代に、実際に行ったワークの１例をお伝えしましょう。

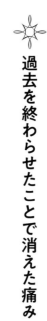

当時、私はスポーツトレーナーとして、ある実業団のソフトボールチームの選手たちの体と心のケアをしていました。ある時、スタメンのキャッチャー選手が「右手の親指が突然痛み出した」と、私のところにやって来ました。病院で検査をしても異常なし。「これは精神的なものだな」と思った私は、痛みがいつ・どの場面で起こったのか、深掘ってみたのです。するとそれは、２週間前の試合に、どうやら原因があることがわかりました。本来、ツーアウトであと一人打ち取れば勝てた試合を、彼女が最後のストライクの一球を取り損ねてしまったことで、あり得ないような展開になり、逆転負けをしてしまったという試合でした。

実業団の試合はトーナメント制のため、１敗してもすぐ次の試合に切り替えなければなりません。その試合の直後、監督から「くよくよするな！　次だ！」とゲキを飛ばされた彼女は、「勝っていいはずの試合に、なぜ、あんなあり得ないようなミスをしたのか」という心の痛みを抱いたのです。しかし、その心の痛みを通してしっかり気づかないといけない意味を受け止める間もなく、一生懸命その後の試合に打ち込んでいた矢先、突如、指に痛みを感じるようになったのです。

そこで彼女と次のようなワークをしました。

私「本当だったらどうしたかった？」

彼女「勝ちたかった」

私「技術的なことではなく、勝利を得られなかった理由は何だと思う？」

彼女「常に試合に出られるスタメンのポジションが長く、いつしか傲りが出たからかもしれない。昔のように最後まで愚直に練習することもなくなっていたし、後輩にも横柄な態度だったと思う」

まずは、悪夢のような試合の負け方をしたことを、何らかの気づかせの事象として認識し、自分の中に湧いていた「悔しい」という痛みでもある感情を受け止め、そこから〝気づくべきこと〟とは何かを、一緒に深掘りました。

そうして、ワークの仕上げに入ります。

私「痛みを通じて、あなたが気づかなければいけない大事なことはなんだと思う？」
彼女「（いくつか書き出す）」
私「実際に書き出したことができていたら、自分はどうなっている？」
彼女「初心に返り練習をこなして、後輩にも優しく接していると思う」
私「じゃあ、その自分をしっかりイメージして。そこで感じる感情も、しっかり感じてイメージしてみよう」

そのようにしてイメージを使ったところ、瞬時に痛みが取れたのです。

痛みというのは、罪状に気づかせるために現れる事象であったり、ここで気づいて学ぶべきことがあるというメッセージであることが、とても多いものです。

中には罪状昇華のための必要な味わいということもありますが、過去と向き合って、イメージを使って学ぶべきことを学び切り、学んだことで未来がどう変わるかをイメージさせていくことで、脳が切り替わっていきます。そうすると、過去を終わらせることができていくのです。たとえば、子どもの頃にいじめられて傷ついた経験や、親から拒否されて自己否定が芽生えたことなどがあるかもしれません。しかし、小学生くらいの子ども時代に、過去のシミとなるような傷が付いたのだとしたら、その当時に昇華するのは難しかったことでしょう。8歳の子どもが、「この現実は、因果律によって、自分の過去世で蒔いた種が原因なんだ……」なんてなかなか思えないですよね。

ですが今、皆さんは大人になった段階で、その仕組みがわかる位置にいます。「過去は変えられる」という脳と時間の原理原則を理解し取り組めば、今のあなた自身が過去を変えることで、今を変えていくことは可能なのです。

タイムリープメソッドは一人ひとりに対応し事細かいので、ここでそのスキルをすべて記すことはできませんが、事象として問題が浮かび上がった時の「過去を終わらせる」簡単なワークをお伝えしましょう。

WORK

過去を終わらせる

このワークのやり方は、人それぞれの状況に応じていろいろなバリエーションがありますが、ここでは比較的、簡単なものをお伝えします。

❶今、体や出来事に現れている問題が「いつ・どこで」発生したか思い出してみましょう。

❷その時・その場面が不幸だったと感じることや、見たくないと思えるものだったとしたら、本当は、どうしたかったのか・何を得たかったのか、どうなりたかったのか、などを書き出してみましょう。

❸それらのことが得られなかった体験を、良い悪いといった感情だけでとらえるのではなく、何度も何度も輪廻転生を繰り返している自らの魂が、進化

を促すために、ここで何かに気づいてほしくて意図的に起こした事象だとしたなら、あなたの魂は、あなたに、そこから何を学び、気づいてほしかったと思いますか?

＊過去の出来事を、見たくないもの、不幸な出来事ととらえるのではなく、「それがあったから、これまで気づかなかった大事なことに気づけて成長した自分がいる」と認識を変えると、罪状は昇華され、過去は不幸ではなく、すべて善きことだったと認識が変わります。認識が変わると、運命はレベルアップしていくのです。

❹❸で書き出した大事な気づきは、今後、同じようなことが起こった時のあなたの人生に、どのように影響すると考えられますか?

❺その学びと気づきを生かし、大いに活躍している未来の自分の姿や感情を、目を閉じて実感がわくまでイメージしてみましょう。

こういった未来のヴィジョンを描き、その時に感じるであろう良き感情を、今の自分にエネルギーとして先取りし今を生きることで、脳は、自動的にそのヴィジョンを得るために働きだすのです。

先祖により過去の記憶もコントロールされていた

記憶というものは、じつに曖昧なものです。

タイムリープメソッドのファーストステップのワークで、これまで多くの方に、過去を終わらせ「今」にエネルギーを持ってくるという意図で、人生の出来事、これまでの自分のプロフィールを振り返っていただきました。人生を振り返り、過去の記憶を辿る時、思い出すことが良い記憶が多い人と、良いことがないので過去を振り返るのは苦痛だという人がいます。

これは事実そうだったということもあるのでしょうが、じつはどんなふうに記憶を保持しているのか、ということにも左右されてしまうのです。

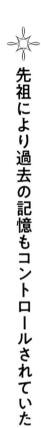

実際に現代の認識で、記憶や時間をこのように定義しています。

【時間とは】時間を証明するものは人間の記憶でしかない

【記憶とは】最も曖昧なもの。曖昧な記憶の中に諸々の感情が宿る

脳はいくらでも記憶を騙すことができる

つまり、人の幸不幸の感覚というのは、自分の人生を振り返った時、過去の出来事に対してどういう印象を記憶として持っているのか。そのストーリーによるともいえます。

過去を振り返った時、良いことばかり起こる人生だと本当に思っている人と、悪いことしか起こってこなかったと思っている人では、当然人生に対する幸福度は違います。

しかし、記憶の印象を変えることができるとしたら、どうでしょう? 別人になったかのように人生の質が変わってくるのです。

これまでの夜の時代においては、私たちの目にも鼻にも体の臓器どこにでも、先祖がガイドとして居座っていて、良いも悪いも影響を及ぼしていました。目の前のキレイな花を見て気分が良くなるのか、その横に落ちている鳥のフンを意識して嫌な気分になるのか。先祖の因縁の強さによって、花を見るのか、フンを見るのか、ということまでコントロールされ、実際の現実に違いが現れていたのです。

そして、この記憶にさえ、先祖が影響しています。

特に家系的に先祖の因縁因果が強く、ガイドのエネルギーも弱いと思われる人々には、この影響が顕著のようです。過去の印象を振り返ってもらうと、過去の出来事１００のうち、平均70は悪い記憶として留め、良い記憶のほうが少ない傾向にあります。

たとえば、子どもの頃にいじめられた経験があるとしましょう。そのとき、本当は応援してくれていたクラスメイトが一人いたのに、振り返っても、いじめのつらい経験しか記憶に出てこない。自分はいつもひとりぼっちという記憶になっていたり、人に喜ばれることをしてもすっかり忘れ、自分はいつもダメ人間と思い込んでいるのです。

つまり、家系の因縁が強いと、良い出来事の記憶が消えてしまって、悪い出来事の記憶しか思い出せなくなってしまうものなのです。

逆に、他人に迷惑ばかりかけているのに、家系的に因縁が少なかったり、ポジティブな力が強いガイドがついていたりすると、「自分はこれまで良いことばかりしてきた」という記憶になります。

周りが「そんなことないよね……」と思っていても、当の本人は真剣にそう思っているのですから天下泰平です。先祖がこれまでの支配層の流れを汲むような家系でエネルギーが強かったりすると、ある意味、悪いことをしても、悪いことという印象が都合よく記憶から消えているということもあるのです。

昔から釈迦が言っていた「正観しなさい」という言葉は、事実を正しくそのまま観ることを指します。夜の時代においては、「観る」「思い出す」ということにさえ、先祖の影響、感情、欲望、期待、余計なものの印象が入り込み固定されていたので、「正しく観る」ことができない時代でした。

しかし、今は、こういった先祖のシステムがだいぶ消えてきているので、これまで固定されていた記憶が解除され、さまざまな視点や違った角度から記憶を思い出すことが容易にできるようになってきています。それにより、憎いと思って固定していた人の印象が変わったり、記憶の盲点だった箇所を突如思い出したりと、その時の事実を理解できるような脳と環境へとシフトしているのです。

自分の過去には、これまでは先祖の因縁も関係していたということを理解した上で、今一度、自分自身の人生と向き合ってみてください。そうすると過去の学びが終了し、今と未来も変えるきっかけとなるはずです。

過去を終わらせると、未来のヴィジョンが描きやすくなる

タイムリープメソッドには、「自分の未来の予言書」を書くというワークがあります。巷でも先のことを描くというイメージワークは多々あります。しかし、自分の未来を描けないという人は、じつは多いのです。

効果的に未来を描くには順番があります。タイムリープメソッドにおいては、それは一番ラストのステップです。なぜなら、どれだけ望む未来を描いたとしても、過去の学びや罪状を終わらせていなければ、未来にもその学びを終わらせるための事象が繰り返されるからです。そ

してそのことを、無自覚レベルで知っています。心のどこかで、人生の学びをクリアせずにいつも逃げてばかりの自分に、欲しい何かを得られるわけがないと、無自覚で思ってしまっているのです。もっといえば、過去からも、今においても、一つひとつ起こる出来事から気づき、学び、行動し、ステージを上げていかないと、魂そのものが本来のヴィジョンを見せることはないのです。

これからの今と未来をより良くしていくためには、まず過去を終わらせることが大事です。そして、その後に初めて、過去も今も未来もすべてが関連していることに気づけると、未来のヴィジョンを描けるようになり、そのヴィジョンを心から信頼できるようになると、本来の魂のヴィジョンが観えるステージにシフトアップしていくことが可能になります。

WORK

未来のヴィジョンを明確に描くために大事なポイント

より良い未来を描きたいと思われるなら、少しずつでも小さなことから、未終了のことを終わらせて、プチ達成感を得ることを、今日から行っていきましょう。

❶ひとりの時間を取り、自分の人生の中で放置していること、やり残していること、逃げていること、未完了のままのものをリストアップしてみましょう。

❷終了していないことをひとつずつきちんと終わらせることで、達成感を得られ、エネルギーが上がり、心のスペースが空いてくるのを感じましょう。

❸その心のスペースに、新たなひらめきや道筋が見えてくるのを、しっかりとキャッチし受け止めてみましょう。

「天の理・地の利・人の和」のバランスがこれからの基盤

ＶＵＣＡ時代の今においても、昼の時代において、私たちが理解しておかなければならないことが他にもあります。

それは、**「天の理・地の利・人の和」のバランスを土台に生きていく**ことです。

今は、夜の時代の物質文明を構築したエネルギーと、昼の時代の高度精心文明を構築しようとするエネルギーが、波頭で激しくぶつかり合うような攻防合戦が繰り広げられています。現状、夜の時代の社会構造が消え去っているわけでもなく、収奪する仕組みや人々との対峙を強いられる場面が世界中のあちこちでみられます。

特にディープステート側の人間は、この夜の文明の中で築き上げてきた収奪の構造を、もっと効率の良い世界共産主義の〝完全収奪管理社会〟の仕組みへと社会全体を引きずっていこうとしています。

彼らは、自分たちの欲《よく》を満たそうとするだけの、おぞましい行為やビジネスの事実に、決して人々が気づかないよう、あらゆる情報をばらまいて目を背けさせるようにすることで、思考停止状態にもっていきたいのです。

支配者が意図している、限りなく理不尽な社会システムには、人々に真の目覚めが起きないような戦略が仕掛けられていると考えられます。

たとえば、戦後日本人の魂を骨抜きにし、愚民に仕立てるための3S（スポーツ・セックス・スクリーン）政策は有名ですが、じつはその後に4S政策として、もうひとつ付け加えられました。4のSは「スピリチュアル」を指し、第1次ブームを作ったのはハリウッド女優シャーリー・マクレーンによる世界的ベストセラーとなった著書（『アウト・オン・ア・リム』）でした。それには現実的なものから目を背けさせ、地から足をドンドン離していくという狙いがあったのです。

スピリチュアルでいわれているようなアセンション（次元上昇）を迎えるからといって、地球と人類がすでに5次元へ移行したわけではありません。もし5次元へ完全移行していたら、細胞も肉体も半物質になっているはずです。でも、まだ肉体は目で見えていますよね？

ということは、まだまだ肉体を持つ3次元の世界を私たちは生きているのです。

肉体を持って生まれた以上、高次元のことも物質世界のことも、生きる上で不可欠な経済のことも社会構造も、今に至るまでの人類の歴史も知り、バランス感覚を養って自分の人生の選択に生かしていくことが、過渡期においては本当に大切です。そこに向き合わないと、夜の時代の支配者組に、また牛耳られてしまうことになります。

そういった今の背景を理解した上で、私たちは、「天の理・地の利・人の和」のバランスを崩してはいけないのです。現実を見据え、自分の魂を救えるだけの、本当の意味でのスピリチュアリティを理解し、精心的にも恵材的にも、人の和を保ちながら自立する術と、力を培っていくことが大事な時期だといえます。

では、「天の理・地の利・人の和」とは具体的に何を指すのでしょうか。

【天の理】 宇宙の法則、魂からの視点、スピリチュアリティ、精心性、英知、抽象度の高い視点

【地の利】 経済・恵財を得る思考、スキル、活動、仕組みの構築、健康維持、創造性や価値の

発揮

【人の和】 人々が天の理、地の利、どちらも得られ、共に進化・成長でき、平和で安心して共生して生きられる環境作り

夜の時代では、物質文明ゆえに「地の利」ばかりを追い求めていました。宇宙の法則や目に見えないものは排除し、どんなに苦しかろうと、嫌な人間関係の組織であっても、我慢して一方向性社会が掲げる〝経済〟を、皆が一心に追求してきたのです。

しかし、これから精心文明の昼の時代を迎えるにあたり、早くも物質文明に苦しさを覚え、「天の理」にすがり、依存してしまっている人たちがいるのも事実です。

これからの昼の時代は、高度な精心文明になります。そこで表面的な精神世界や安易なスピリチュアルだけを求めていると、高度精心文明ではない低度精神文明のまま、ただのファンタジーな世界に溺れるだけで、現実的に生きる力を失ってしまいかねません。そうなると、〝恵財〟を得ることができず、家族もろとも貧乏になってしまったり、食品添加物だらけの食品の世界で、食の質も下がり、不調になっても健康にエネルギーをかけられず、健康を害してしまうかもしれません。

もちろん、「天の理」である宇宙の真理の探究や宇宙法則を知ること、スピリチュアリティの概念も大切です。ただし、新たな文明では〝高度〟な精心性だということを理解する必要があります。

高度な「天の理」とは、宇宙の法則を探求し理解した上で、地上の情報を知り、自分の恵財や志事、人生に「地の利」として生かしていくことです。

たとえば、現在の世界的な社会情勢や金融の動きはどうなのか。自分にとっての魂職を得ていくための、具体的な工夫や努力、行動は起こしているのか。自分はどの分野で、人や社会に役立つことができるのか。最先端の医療技術・量子力学や脳科学は、見えない世界の構造を、少しずつ解き明かしてはいるが、現状どういう認識になってきているのか。これまでの人類の文明の歴史はどのような経緯を辿っていて、どういう人々にコントロールされていたのか……。「歴史は繰り返す」ことを理解すれば、この先の未来に、愚かな歴史を繰り返さない選択を、今の私たちが、あらゆる局面で判断していくことができるでしょう。

このような問いをもち、探求し、できる限り、多角的多次元的な視野を用いて、自分なりの答えを見出す。その知性と感性、論理性を培っておくことは、VUCA時代といわれる過渡期の有象無象の情報社会の中で、きちんと見極める尺度を持ち得ることになります。

そうすると政治、経済、ビジネス、医療、教育といった、地上で生きる上での「地の利」の領域にはびこる嘘やフェイクニュースに翻弄されなくなるでしょう。


「天の理」の情報も同じです。スピ系のファンタジー的な情報やオカルト、霊能、宇宙人、UFOなどを信じても、過渡期の現実において、魂の進化を促し、より良い人生にシフトさせたい場合には機能しません。ただし、趣味の世界として関わったり、それらを極めてエンターテイメントとして自分のビジネスで発信していけるまでに至れば、話は別です。


本来の宇宙の法則を理解し、人生を良くするということは、刺激的なことや言葉を知っているだけではなく、今、置かれている日常の、当たり前なことの中にすべての学びが内包されているということを理解して生きるということです。

「抽象度・宇宙の法則が理解できる」＝「具象度・現実的な問題解決能力」なのです。

それができて初めて、さまざまなものに惑わされず、自分の魂からの信号をキャッチし、しっかり立っていくことができるようになるでしょう。

そして「天の理」と「地の利」、どちらも今を生きる上で大事だと理解し、争うのではなく、配慮し合った時に、人々が共生し、魂を進化・成長させながら豊かに生きられる環境が育まれてくる。それが、「人の和」です。

これからは、徐々にこの3つのバランスを兼ね、かつ自分の魂の方向性に合ったコミュニティや組織が点在してくることでしょう。

この**3要素のバランスが成り立つことこそ、精心・肉体・対人・恵財・運や環境が揃い、「安心」、つまり地球人にとって最高の「愛」を得ることができる**のです。

それこそが、**今を生きる力**であり、昼の時代においては**当たり前の基準として生きる土台**となるでしょう。

今をより良く生きるには、何が必要なのか。何のために、この大転換時代を選んで生まれたのか。それをしっかりと理解し、タイミングが訪れた時には、勇気を持って現実的に行動していく。その先に、自分の魂の目的のもとに生きられる人やもの、こと、環境が用意されているのです。

身口意を一致させて生きる

かつて空海が唱えたとされる、「身口意《しんくい》」という教えがあります。これは、「身（身体）・口（言葉）・意（心）」の３つの働きにより、すべての生命現象は成り立っているという教えです。つまり、**思うこと・言っていること・行動していること**が、一致しているかどうか。この生き方もまた、昼の時代での基準となります。

夜の時代は、嘘騙しで成り立っていましたから、**本音と建前がある世界**でした。しかし、その古い構造が崩れている今、嘘は通用しません。

自分の本音や根底にある思いは、まるで自分の背後に心を映し出すスクリーンを掲げているようなもの。昼の時代で身口意が一致していない人は、本人は相手にわからないと思っていても、相手には「この人は本心や本音を言っていないな」と、すぐにバレてしまいます。

身口意が一致していないと、周囲に違和感を与えてしまうため、信頼もされなくなり、自分

昼の時代の人間関係において

自身の進化を止めることになります。私たちの魂は個別に魂の目的を持ってはいますが、誰の根本にもある魂の目的は「進化」です。
ですから、新しい時代を迎え、未来を自ら切り拓いて進化していくには、身口意を一致させる生き方が大切です。

何が本当の自分の意思で、何がゴミとなる感情で、何が外部から刷り込まれた価値観なのか。これを常に自分の中で区別できる感覚を培っておかないと、自分の本当の思いや意志さえも認識することができなくなります。身口意が一致していないと、自分の魂と繋がることも、魂の目的のもとに自立して生きていくこともできなくなります。

日頃から、内なる感性を研ぎ澄ませ、魂からの信号をキャッチする。それを自分の「意」として、言動を一致させていく。
こういったことも、昼の時代に自分らしく生きていく、賢い生き方のコツなのです。

脳の〝ラス〟を働かせてものごとを視る

ＶＵＣＡ時代の世の中にある情報は、意図的に分断されていたり、フェイクニュースも多く存在しています。多角的多次元的な視点から、見極める尺度を持っていないと、目の前の部分的な情報がすべてになってしまうでしょう。

今回のコロナウイルスに関する情報にしても、過剰なまでに不安や恐怖を抱いている人は、おそらくマスコミのニュースの情報という固められた視点からものごとを視ているのではないでしょうか。マスコミのニュースは、情報のほんの一部で、かつ、支配者側の意図に沿って情報操作をしていることが多いものです。

多角的多次元的な視野でものごとを視ている人は、世の中にある真実の断片的な情報でも、パズルのピースのように組み合わせ、その背景にある全体像を見ることができるようになります。つまり、抽象度が高くなればなるほど、明晰性や洞察力が培われていくのです。

そういう人々は常に脳のRAS《ラス》を、意識的に働かせています。

ご存じの方もいると思いますが、RASとは脳の機能のこと。

〝Reticular Activating System〟の略で、「網様体賦活系」という、脳の視床下部の上に位置する脳幹にある機能です。


RASは、一言でいうと「ものを視るフィルター機能」です。

たとえば、RASが働いていないと、ある部屋に入ってもそこはただの空間です。そこで「空間の中の赤いもの」と設定して部屋に入ると、部屋にある赤いものに真っ先に目がいくようになる。これは、RASが働いた証拠です。


私たちが日頃からRASを活性化させ、世の中の情報を見聞きすると、関連する情報の欠けらを掴むことができます。そして、わずかなピースだけでもそこから分析し、多角的多次元的な視野を用いて情報を集め、さらに深掘りすると、隠れていた全体の絵が見えてくる。そうすると、ニュースでは伝えない、世の中の真実を垣間見ることができるようになるのです。

これができる思考回路を得ると、有象無象の情報が飛び交う現代社会において、知性と明晰性を伴い、自分で判断していける賢い人となれるでしょう。

ＲＡＳの機能を理解して、日常的にも人生にも応用するかしないかでは、現状がかなり変わってきます。

例を挙げてみましょう。あなたが何かのセミナーに参加したとします。ＲＡＳを働かせずにただ参加しているのと、「このセミナーで○○を得て帰りたい！」とＲＡＳを設定して参加するのでは、その時間に得られる情報の濃度や質がまるで変わるのは、想像できますよね。

人生においても、常に「自分はどう在りたいのか」を問い、「こう在りたい！」と決めて、決めたことに対してＲＡＳを働かせておく。そうすることで、在りたい自分として生きるために必要な情報や方向性の欠けらをキャッチすることができ、そこから行動していくことで、外部に惑わされることなく魂の目的に沿って生きていくことができます。

第4章

VUCA時代の今と、新しい時代の賢い生き方

本来の自分を徹底的に知る術「NE運命解析学」

あなたは、自分の人生に価値を感じて生きているでしょうか？
社会の中で息苦しさを感じ、心の奥深くから幸せを感じられない。
本当の自分ではない〝わたし〟で生きている気がする。
このままの人生を、生きていていいのだろうか。

こういった疑問や心の叫びを感じている人は、今、とても増えてきています。VUCA時代の混乱期に、この状態から抜け出すには、まず本来の自分とは何か？ 生まれた目的を知ることから、変化は始まります。

そのために、
「この時代を選んで生まれた魂の目的を知り、運命さえもレベルアップさせるための学問」という定義として生み出したのが、「**NE運命解析学**」です。

NE運命解析学のNEとは、「**New Era**＝新たな時代」を意味します。

「ＮＥ運命解析学」についての詳細は、著書『地球大転換時代の生き方とＮＥ運命解析学』に記しています。ですので、ここではその概要と重要なポイントをお伝えしたいと思っています。

今をより良く生きる、力を得ていく上で、
「時代の流れがどういう方向性に向かっているのかを知ると同時に、自分とは何なのか？」
「何のためにこの大転換時代に生まれ、どういう方向性で生きたら、新たな時代に適合し、自分の魂の目的のもと後悔しない人生を送ることができるのか？」

これらが書かれた「**運命プログラム**」を知っているのと知らないのとでは、この先の人生を生きる上において雲泥の差といえるでしょう。

混沌とした時代の大海原を航海する船のように、今の私たちも、人生の舵を切るための方向性を知る羅針盤が、これから一人ひとり大事になってきます。

自分の運命プログラムを知ると、魂に基づいた自分らしい人生とはどういう方向性にあるのか。さらに、今、起こっている問題の所以はどこから来ているのか、などを知ることができます。いち早くわかれば、それだけで悩みが軽減し、魂の意図した自分らしい人生を生きる上で、無駄な遠回りをすることは避けられます。

人生に無駄な経験はありません。しかし、人生の時間は有限なのです。

1000年先まで遺る人類の羅針盤として

私がNE運命解析学を創った理由は、夜の時代から昼の時代へと文明そのものが大きく変わる中で、これまでの価値観や生き方の違いを理解し、この時代を選んで生まれた魂の目的を知っていただくこと。

そして、過去世と家系で繰り返してきた因果律の悪循環から脱却し、多くの方々が大転換時代を難なく生き、新たな昼の時代に魂が目覚め、「進化した大人の魂を持つ人類」へと魂をレベルアップさせていただくこと。

そのための「新たな時代の学問」として、宇宙人生理論の考え方をもとに創り上げました。

NE運命解析学を構築するにあたって、編纂し参考にした古典の高度な「帝王運命学」は、今から1200年ほど前の夜の時代に誕生したものといわれています。それは、夜の時代の魂を持つ人々の運命を的確に当てるものとして存在していました。

しかし、時代は今や、**新たな昼の時代の魂を持つ人々の文明へと移り変わろうとしています。**

そうなると、運命はこれまでのように当てるものではなく、知った上でレベルアップしていくものとなるのです。

古典の運命学が人々の人生の指針として1000年以上伝承されてきたものであるならば、NE運命解析学も、同じように1000年先を見据えています。

1000年先の時代を生きる人々においても、宇宙人生理論をベースに落とし込んだ概念と考え方を、これからの人生の羅針盤として活用していただけること、その礎となるよう、今またさらに磨きをかけ進化させ、方向性を同じくする人々に継承・伝承していただきたいと思っています。

世の中にある〝占い〟や〝運命学〟〝西洋占星術〟と決定的に違うことは

世の中にある多くの占い、占術、運命学というものは「あなたはこういう人ですね？」と、運命を〝いかに当てる〟かがベースの「**決定論**」です。

それに対して「**NE運命解析学**」**は、運命をレベルアップするための学問**として構築されているので、その人の運命プログラムをいかに当てるのかに着眼点があるのではなく、因果律から成り立つ運命プログラムをしかと読み解き、「**認識論**」のもと最終的には罪状の書かれた運命プログラムを〝いかに当たらなくするか〟に重きが置かれています。

実際、高度な運命学は当たる確率が高いといえます。

NE運命解析学も、生年月日と時間と場所を入れ込むことで、過去世や家系的な因果律から割り出される高度なものなので、非常によく当たります。

夜の時代は、因果律の運命の繰り返しから抜け出ることは不可能でした。しかしこれからの昼の時代は、むしろ抜け出ないといけないのです。因果律のラットの輪を卒業し、運命からも解放されて、自らが人生の創造者となり進化した人類へレベルアップしていく時代だからです。

運命をレベルアップするためには、やはりまず、自分の「運命プログラム」を知ることです。そして、思い・考え・行為・行動を変えていくことです。多くの人々のセッションをして思うのは、**自分の罪状や伸ばしどころを知らないと、基本的に人は、罪状に引きずられ罪状ベースで生きてしまう**ことが多いのです。

伸ばしどころという才能においても同じことがいえますが、**罪状も才能も、不思議と人はそこに気づかない**のです。

ＮＥ運命解析学において、罪状の定義は、**魂的な進化を阻み、自分も人も良くしない感情・思考・傾向・時に出来事**としています。逆に伸ばしどころ・才能の定義は、**自他を生かし、魂的に進化・成長・発展を助長する特質**としています。

運命をレベルアップするには、運命プログラムに書かれてある罪状が、日常の中で現れた時がチャンス。その事象をどう認識し受け止めて、罪状を転換すればいいのかを学んでいれば、これまでのパターンに陥らず、罪状が転換した時の傾向を意識して、それを実践していくことができるでしょう。

罪状を転換するというのは、過去に何度も繰り返してきた強烈な感情に、引きずられる状態を冷静に俯瞰してとらえ、再選択するということなので、なかなか簡単にできることではありません。しかし常に**「何のためにこの人生を選んで生まれてきたのか？」**と問いかけ、あきらめずへこたれず、トライ&エラーを繰り返しながら、軌道修正していくことができれば、罪状が昇華され、運命がレベルアップしている状態の位置に上がります。そうなると、運命が当たらなくなり、罪状（カルマ）に振り回される人生から徐々に解放されてくるのです。

罪状が出ても、創造性を働かせて転換していけるようになると、今度は楽に自分の伸ばしどころも伸ばせるようになってきます。

するといつしか、「罪状」という弱味が「**財状**」という強みに変わるという思考に切り替わっていきます。

さらに、伸ばしどころをブラッシュアップして、人や社会に価値として提供し、循環が起こせるようになると、人生を自由に創造する賢さを持つ人という意味でもある、進化した人類の「ライトマスター」へ、一歩近づくことができるのです。

運命プログラムには、どんなことが書かれているのか

では、ＮＥ運命解析学の「運命プログラム」には、具体的にどんなことが書かれているのでしょうか。

それは、今回生まれる前に自分自身で書いてきた、過去世や家系の因果律に基づいたプログラムです。それは、あなたの人生の舞台のシナリオのようなものともいえます。ただし、このシナリオは、日々の中で書き換えて再選択していくことができるのです。

それが運命のレベルアップとなるのですが、自らのシナリオを知らなければ、ほとんどがシナリオどおりに進みます。

このシナリオのことを心理学用語で置き換えるならば、95％意識できない「潜在意識」です。潜在意識は、自分の経験値からなる浅い領域もありますが、宇宙人生理論をベースにしたＮＥ運命解析学では、自分の過去世や家系の先祖たちが選んできた選択や感情反応の累積の深層領域のことを指します。

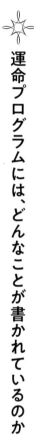

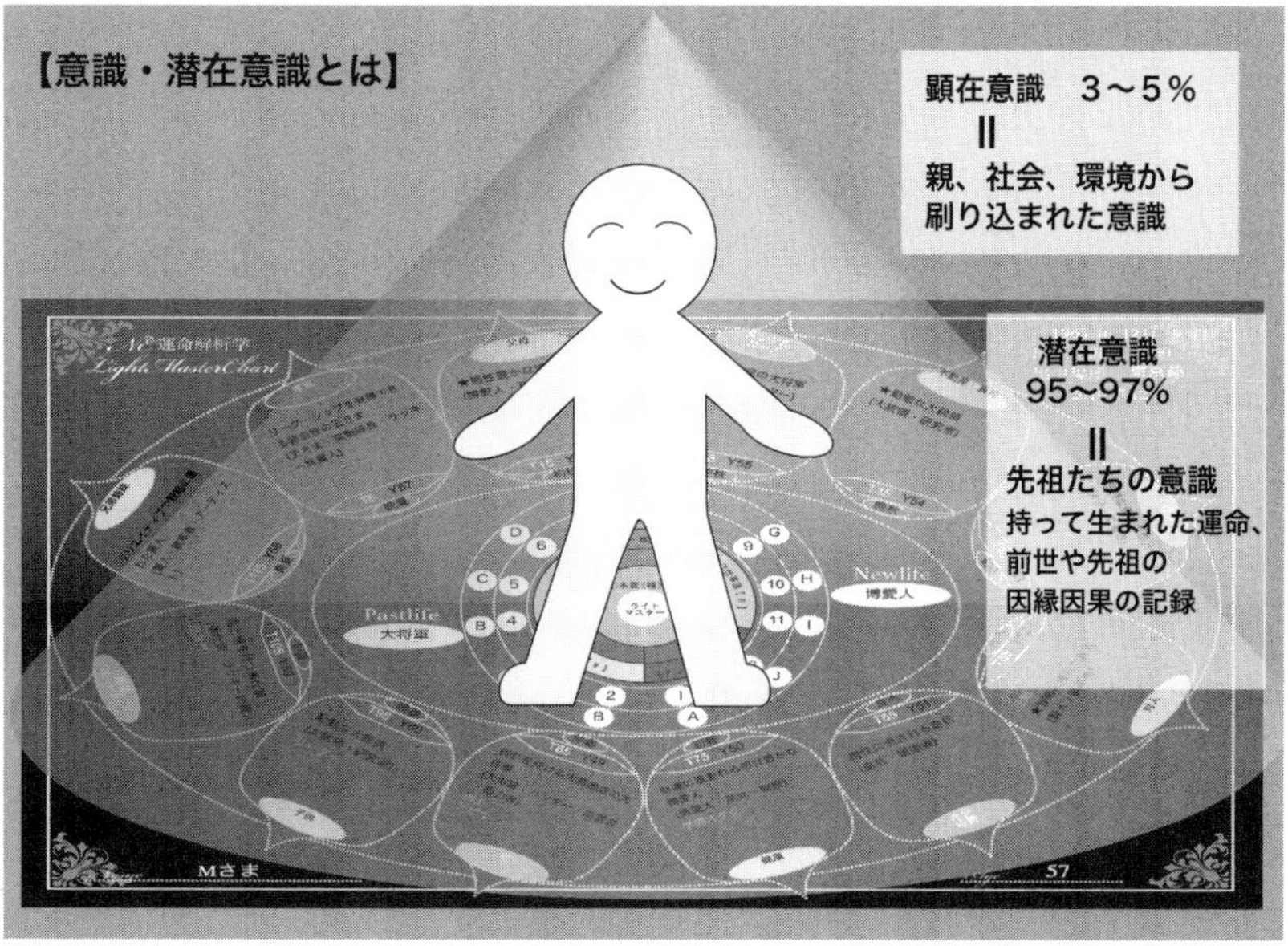
【意識・潜在意識とは】
顕在意識　3～5％
＝
親、社会、環境から
刷り込まれた意識
潜在意識
95～97%
＝
先祖たちの意識
持って生まれた運命、
前世や先祖の
因縁因果の記録
Pastlife
大将軍
Newlife
博愛人
Mさま
57

ゆえに、意識には上がり得ないものですが、その意識に上がらない領域が自分の人生に日々影響しているという仕組みを知ると、ここを明確に意識しておくことは、人生の虎の巻を知ることに似ています。その中には、人生全般の傾向や、自分が魂的に培ってきた伸ばしどころと呼ばれる才能、クリアしないといけない罪状が書かれています。

ＮＥ運命解析学の運命プログラムを通じ、これらのことを知り、かつ今回の人生で自分が昇華する罪状がどういうところにあったのかを知ると、繰り返しのパターンに陥る傾向が理解でき、日常の中で意識的に罪状に対する対処法がわかります。

魂からの視点で、ものごとが理解できるようになると、起こることとは、この罪状の昇華・清算のために起きていることであり、すべて善きことと思えるようになります。魂レベルから自分を知るという学びが、これからは宇宙の法則を知るのと同じように、大切となってくることでしょう。

14キャストの組み合わせから運命プログラムを読む

運命プログラムは、ライトマスターチャートを人生ドラマのシナリオと見立て、そこに書かれた人生傾向を表す記号を、「キャスト」というネーミングに置き換えています。

キャストには大きく分けて14のカテゴリーがあり、それぞれにネーミングがついています。さらに19のサブキャストがあり、それらが14のキャストと混ざり合うことで、307のキャストに分かれていきます。

そのキャストたちの配合で、あなたの持って生まれた本質や特徴、潜在性、運が開花する方向性や人生全般の流れと傾向、今世でクリアし昇華しなければいけない罪状は何か、伸ばしどころと呼ばれる才能は何か、またそれらがどんな年代のどんな場面で出てきやすいのか、といったことを読み解くことができるのです。

また、14キャストを「光キャスト」と「闇キャスト」に分けています。その違いは、本来の本質のプログラムに沿って人生を生きている人を「光キャスト」、本来の本質で生きられてい

光キャスト
ハンター
賢人
大将軍
大統領
王さま
親分
統率者
突撃隊長
研究家
博愛人
皇后
巫女
奉仕家
変革者

闇キャスト
亡者
隠遁者
歩兵
護衛
門番
子分
下僕
後方隊長
毒舌家
逃避家
女中
呪怨者
道化師
傍観者

光キャスト・闇キャスト

光キャストとは…本質のキャストに基づいた自分を生きている人
闇キャストとは…本質ではなく他人を生きているような人

さて、あなたは今、光、闇、どちらのキャストを生きていますか？

光のキャスト	闇のキャスト
王さま	門　番
賢　人	隠遁者
大統領	護　衛
大将軍	歩　兵
博愛人	逃避家
親　分	子　分
皇　后	女　中
巫　女	呪怨者
ハンター	亡　者
研究家	毒舌家
奉仕家	道化師
統率者	下　僕
突撃隊長	後方隊長
変革者	傍観者

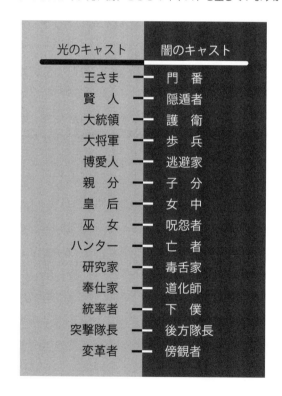

ない人を「闇キャスト」としています。

仕事、お金、結婚・恋愛、人間関係、社会運、健康、不動産資産運、あなたなりのストレスの解消法、心が好み求めるもの、親子、兄弟姉妹との持って生まれた関係性や因縁因果があるかないか。そのほか、**人生120年分の傾向、人生すべてにおいて知っておくことで対処できること**を、キャストを通じて読み解くことができます。

これらは、あなたが生まれる前に**自分自身で書いてきた、**運命プログラムなのです。

運命が開花する方向性が一目でわかるライフナビゲーション

特筆すべきこととして、その人の運命が開花する方向性が一目でわかる「ライフナビゲーション」というものがあります（次ページ参照）。

それは、**【本質】・【社会】・【仕事】・【メンタルニーズ】・【財】・【結婚パートナー】**の６項目に分かれています。もし、現在、ライフナビゲーションが示す方向性を優先的に生きている場

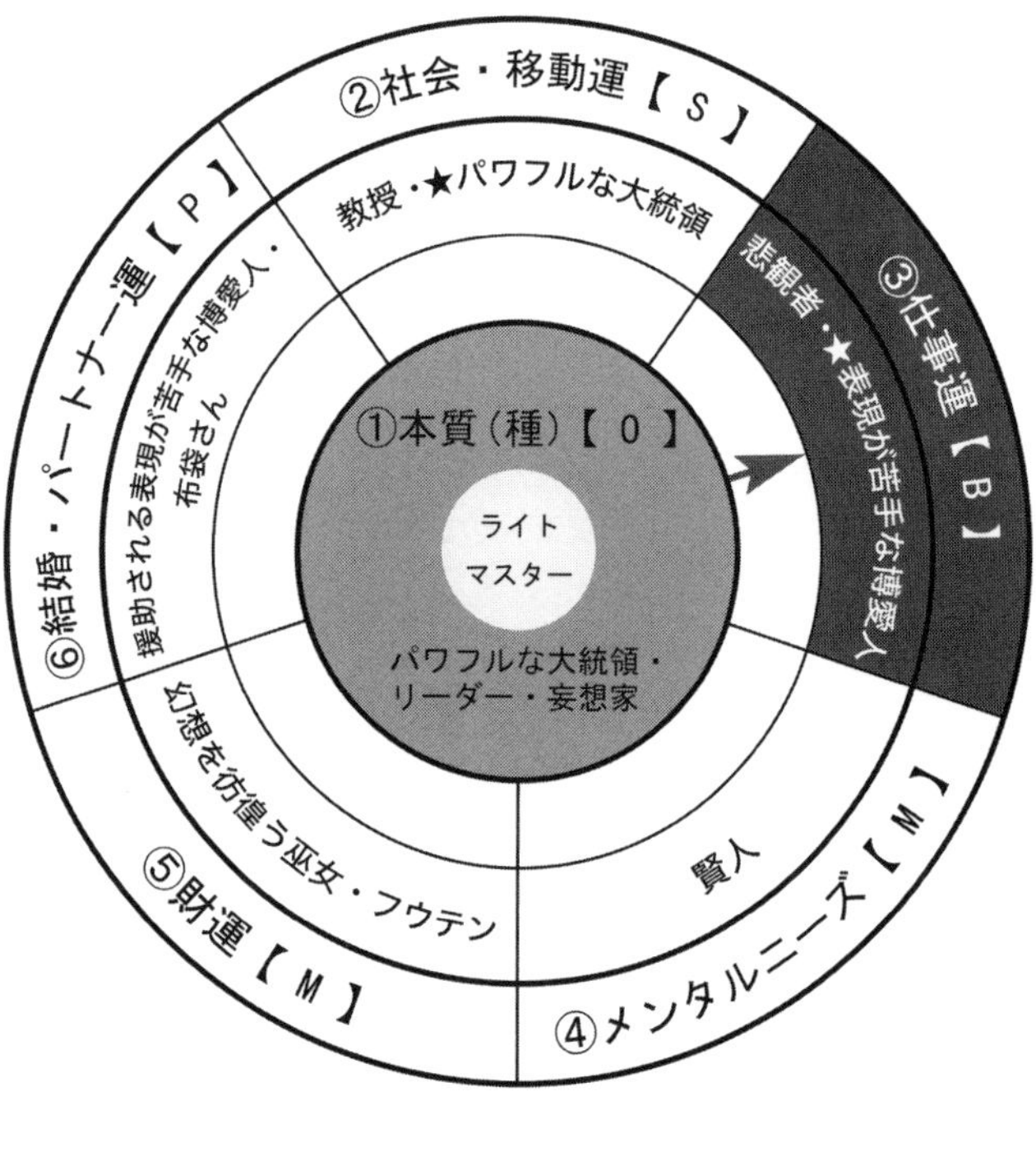
①本質（種）【０】
ライト
マスター
パワフルな大統領・
リーダー・妄想家
②社会・移動運【Ｓ】
教授・★パワフルな大統領
③仕事運【Ｂ】
悲観者・★表現が苦手な博愛人
④メンタルニーズ【Ｍ】
賢人
⑤財運【Ｍ】
幻想を彷徨う巫女・フウテン
⑥結婚・パートナー運【Ｐ】
援助される表現が苦手な博愛人・
布袋さん

合は、運と人生が開花しやすく残りの５つもついてくるのですが、そうでない方向性を目指していると、運と人生の開花は遠回りになってしまいます。

ライフナビゲーションは、自分が優先にすべき方向性を一瞬で知ることができる画期的なデータなのです。

進化した人類「ライトマスター」「ライトチルドレン」を目指す

誰の運命プログラムの中心にも、「光の存在」を表すネーミングとして「**ライトマスター**」「**ライトチルドレン**」というキャストが書かれています。このキャストは、14キャストを超えた、進化した人類の象徴として表され、このキャストに向かって学びを深めていくのです。

ライトマスターとは、感情や反応に固まらず、創造性で人生を変えていく力を有している人です。そしてこの宇宙の法則や世界の仕組みを知り、自分の役割や存在に気づいています。彼らは光が良いとか闇が悪いという認識はなく、すべては運命のレベルアップのための要因であ

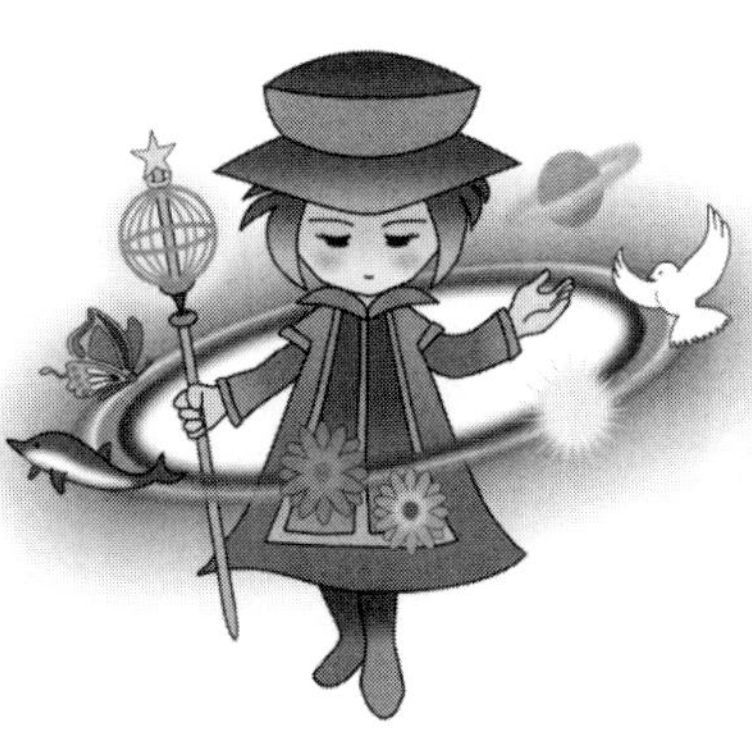

【ライトマスター】

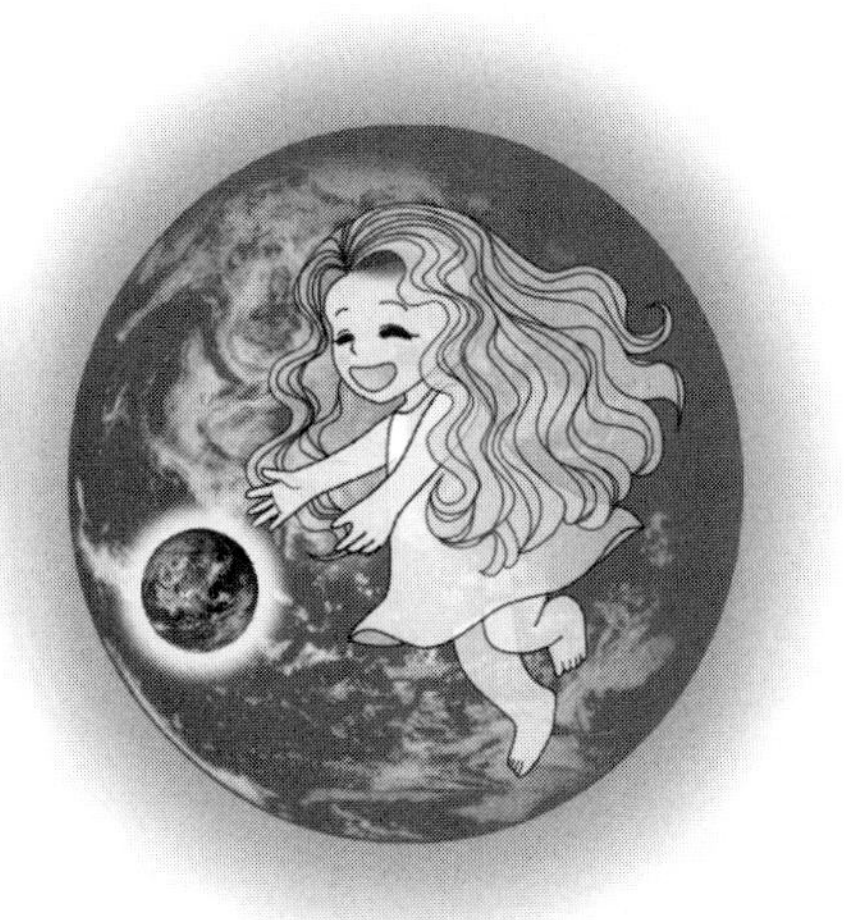

【ライトチルドレン 】

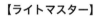

り、進化のために必要なプロセスだと理解し、深い叡智のもと知恵や情報を提供して人の人生を光へと導いていける存在です。

ライトマスターよりも一段上の進化した人類が、ライトチルドレンです。ライトチルドレンは、心に思い込みや慾《よく》を持たず、何ものにも邪魔されず、かつ宇宙的で多角的多次元的な観方が自在にできる、観自在菩薩のような、祈りの人といえます。この世のすべての本質を見抜きながら、運命にさえとらわれず、ありのままでいても自分の未来を自由に創造し、人や社会に対する良い未来を創造することができます。

また、魂年齢は20億歳で高い英知を持っていても、在り方は5歳の子どものように純粋で素直であり愛に満ちています。その笑顔と存在のエネルギーだけで、人々にやすらぎと癒し、勇気と希望を与え、最強の価値を提供している真の光として人生を歩んでいます。

ライトマスターやライトチルドレンと表現している、高い「精心性」の位置を目指した環境作りや認識、考え方、生きる術、自身の可能性を学ぶのが「NE運命解析学」なのです。

進化した昼の時代の運命学であるNE運命解析学は、過渡期の今と新たな時代において、人生の迷子にならず魂の目的のもとに自立ができ、光に向かって運命をレベルアップさせていくための道具です。自分の「運命プログラム」を知ることで、生きる方向性がわかり、人生の迷いは半減することでしょう。かつ、これからの自分自身の人生に期待と希望、可能性を見出していくことができるはずです。

※ご自分の運命プログラムのライトマスターチャートを知りたい方は、『マスターオブライフ協会』のホームページから、無料体験版のライトコンパスシートをダウンロードしていただけます。
https://ne-masteroflife.com/

我欲で生きると、ふるいにかけられる

ここからは、過渡期の今と新しい時代を生きぬくために大切となる賢い生き方について、お話ししたいと思います。

「より良く生きたい」とは、誰しも思うことでしょう。

今、于由の光により地球の意識自体も目覚め始めています。宇宙も地球もひとつの生命体です。その内部にいる私たち人類一人ひとりが、地球の生命と調和する意識を持ち始めると、地球そのものが良くなり、結果、自動的に一人ひとりが良くなっていくのです。

しかし、夜の時代は自分ひとりが良くなればとか、自分の一族さえ繁栄できれば良いという思いを持った人々がたくさんいました。夜という時代は、何もないところから、他との争いの中で物質文明を築くことを意図した神々や先祖の信号によりでき上がった文明ですが、今や夜の時代の地球担当の神はいなくなり、代わりに昼の時代を造り上げる神に交代しています。そして、夜の時代には眠っていた地球も、于由の光によりいよいよ目覚め始めています。

そうなると、地球の目覚めた意識と周波数が合わない行為行動をとる人々、たとえば地球を荒し、汚し続け、自分たちだけの利益や我欲だけが欲しいという想念や周波数を出す人々を、地球は一種のガン細胞とみなし、ふるいにかけることでしょう。

それが、人々の社会的な淘汰なのか、未知のウイルスなのか、巨大地震とそれによる大津波なのか、巨大噴火なのか……。自然界の行うことは予測がつきません。どんなことが起こっても、宇宙自然から生かされる生き方、自らの魂を救い、レベルアップし続けることを選択していくことが大事です。

宇宙の〝意に乗る〟祈り方

夜の時代においては、神や先祖に依存し手を合わせて祈ることは、先祖（ガイド）から応援されることだったので、人々が良くなる上で機能したといえるのですが、これからはガイドがいないため、むしろ逆効果といえます。

たとえば、今までは、

「受験に合格しますように」

「お金がたくさん入ってきますように」

「病気が治りますように」

など、自分個人のことばかり願ってきました。願いたい気持ちもわかります。ですが、夜の時代の構造が崩れ、ガイドがいない今、相変わらず個人の願いばかりを祈っていては、生きている時に満たされなかった思い・我欲・未練・苦しみを持ち、重い思いを持ったまま肉体を脱いでさまよっている人々の想念と共鳴共振してしまい、憑依されかねません。

過渡期の今、体調がすぐれないという人が多くいますが、昼の時代にシフトしているがゆえに身体に不調が起こるパターンと、もうひとつにはこういった憑依から起こる不調もあるのです。

こういう見えない世界の背景さえも理解した上で、私たちができる「祈り」とは、今の世界人類に対してでもありますが、すべての魂の癒しと安らぎ、進化・成長、そして永遠のしあわせを祈って差し上げること。そういうエゴや我欲を外した祈り方は、宇宙や地球の〝**意**〟に〝**乗る**〟**祈り**といえます。

「全存在、すべての魂の永遠の幸せをお祈りします」
「全存在、すべての魂の癒し、安らぎ、目覚め、永遠のしあわせをお祈りします」
「世界人類が平和でありますように」
「私たちの天命がまっとうされますように」

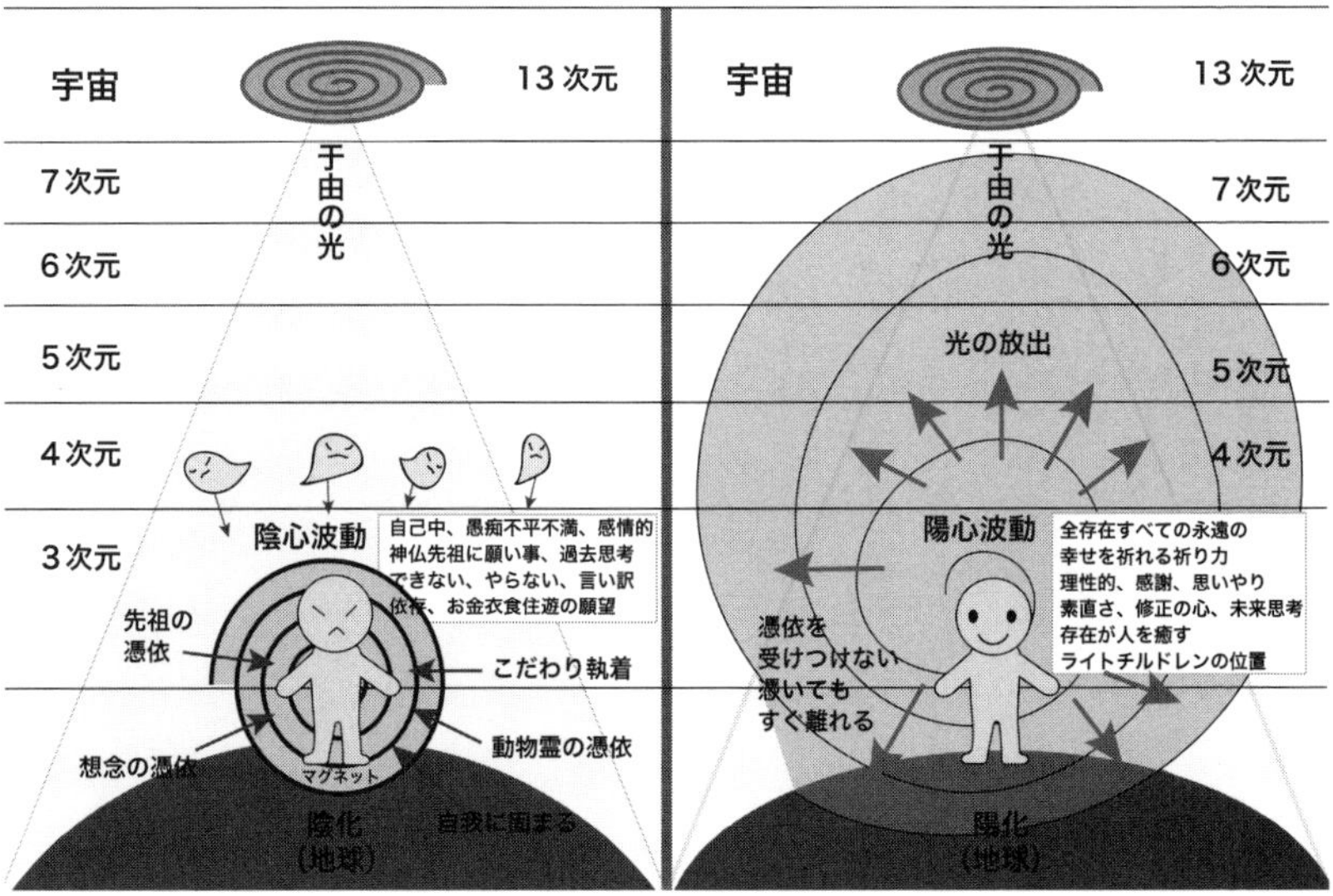
宇宙
13次元
7次元
6次元
5次元
4次元
3次元
宇宙の光
陰心波動
自己中、愚痴不平不満、感情的
神仏先祖に願い事、過去思考
できない、やらない、言い訳
依存、お金衣食住遊の願望
先祖の
憑依
こだわり執着
想念の憑依
動物霊の憑依
マグネット
陰化
(地球)
自我に固まる
宇宙
13次元
7次元
6次元
5次元
4次元
宇宙の光
光の放出
陽心波動
全存在すべての永遠の
幸せを祈れる祈り力
理性的、感謝、思いやり
素直さ、修正の心、未来思考
存在が人を癒す
ライトチルドレンの位置
憑依を
受けつけない
憑いても
すぐ離れる
陽化
(地球)

このような祈り（意乗り）は、宇宙の于由の光の周波数と、自分の周波数を共鳴させていきます。それにより、自らが光のエネルギーを循環させることができるのです。

この宇宙も社会も、本来は循環システムで成り立っています。自らが光のエネルギーとなる祈りをすることで、そのエネルギーが宇宙全体を一瞬で循環し、やがて自分にも光のエネルギーが廻り、結果、人生も良くなっていくのです。

「一日一生」の死生観をもって今日を生きる

運命をレベルアップし、人生をより良く生きるということを考える上で、外すことができない視点があります。それは「人には100%必ず死が訪れる」という法則のもとに、今を生きるということです。

人間が一番、直視したくないものが「死」でしょう。直視したくないものを直視して、今を創造的に生きる……。じつはこれこそが人生を覚悟し、創造性を発揮して生きる上で、最強の認識となるのです。

いつ死んでもいいように今を目一杯生きている人と、死ぬのは年を取ってからと曖昧にしている人の人生では、圧倒的に日々の「覚悟」という点で大きく違いが出てくるものです。

人は、明日があると根拠なく思っているため、言い訳をして、やり残していることを片付けようとしません。中途半端なままで、日々をダラダラと生きてしまいがちになるのです。

または、精神世界にひた走って「今回の人生でクリアできなくても、どうせ転生するから」と罪状から逃げてしまう。その認識では、どれだけ輪廻転生を繰り返しても、今と変わらず、同じ感情と同じ反応から抜け出せません。それでは、どの人生でも、「ここぞ」という時に宇宙から応援されなくなってしまいます。

この夜の時代と昼の時代の過渡期を生きるには、それなりに宇宙から応援されて、生かされるための法則があります。そのひとつが、「罪状を昇華して、魂を進化させること」です。

罪状をひとつ昇華できると、必ずステージが上がります。上のステージへ行くエスカレーターに乗れるか乗れないかは、自分の魂が今回持ち越してきた罪状を、日常の中でどれだけ向き合って昇華できるか、にかかっています。

こうして段々とステージアップしていく人は、自分の方向性に気づいていきます。自動的に宇宙から応援され、生かされていくでしょう。自分の位置が上がってくると、これまで見えていなかった世界が見え出し、自分を生かしてくれる新たな縁や環境、仕組み、もの、こと、機能する情報を発信している人たちとのご縁ができるようになります。そうすると、新しい時代をより自分らしく生きていくことができるようになるでしょう。

しかし、なかなか縁ができないというのは、今の段階で罪状から逃げていたり、何かや誰かに依存したり、目の前にあることを放置したままクリアしていないのです。それでは逆に、どんどんステージを下げてしまうことになりかねません。

今日できることを、逃げずにやる。今日死んでも後悔しない。

この認識こそ、人生をより良く生きる上で必要な「一日一生」の死生観です。

そのような「一日一生」の認識が、新しい時代で「進化」という名のエスカレーターに乗るための鍵となるでしょう。あなたは、死生観をもって今日を生きていますか？

ここでひとつ、皆さんにお勧めしたいワークをお伝えします。
それは、「墓石のワーク」です。

私たちは何のために、夜の時代と昼の時代の文明の過渡期を選んで生まれてきたのでしょうか。どんな人生を生きられたら、誇らしい人生だったと思えるのでしょう。

〝生と死〟を直視することを恐れずに、自分の目の前のことに向き合うことで、今を力強く生きる知恵と勇気が湧き、創造性を発揮して生きることができるはずです。

そのためにも、ぜひ次のワークをしてみてください。

あなたの墓石に書かれる言葉があるとしたら、〇〇〇に何と書かれたいですか？

〝〇〇〇な人生を歩んだ人、此処に眠る〟

ここに書かれた、間違いなく訪れる将来のヴィジョンから逆算して、今という時を生きてみましょう。

人生の達人たち

私は２０１４年に「マスターオブライフ協会」を設立しました。直訳すると、「人生の達人」協会です。

協会のミッションとして定義しているのは、**Be Master of Life**～人生の達人であれ～。「私たちは、本当の自分を知り、天命に根ざした、価値や創造を人や社会に提供し続けることで人生を高められる、しあわせな成幸者、人生の達人を目指しています」という方向性を目指し、互いに日々切磋琢磨しています。

協会の定番企画として、「人生の達人シリーズ」というインタビュー形式の動画配信があります。

そこに出演していただく方というのは、まさに人生の達人を地で生きている方々です。ここでの人生の達人の定義とは、「自分の天命を知り、魂の罪状さえも越えて、人や社会により良い価値を提供し生きている人」としています。

実際に、すでに自分の天命を歩んでいる方に、私が聞き役となりご登場いただきました。その中で、そこに至るまでの数々のご苦労話や、どのような思いで乗り越えてこられたのか、苦難や罪状を乗り越えたからこそ伝えられる、価値あるメッセージを話していただいています。

同時に、NE運命解析学から見ると、その方々の運命プログラムはどのように書かれているのか、そして運命の岐路の時や罪状が出た時に、どういう思いでクリアし、運命をレベルアップされてきたのか、ということも交えながらお伝えしています。

2020年の段階でトータル11名の方々と対談させていただきましたが、今回はその中から3名のドクターとのやり取りをピックアップし、本書にコラムとして掲載させていただきます。

過渡期の今を生きる上での生き方や、健康を維持していくために何が大切なのでしょうか。薬や現代医療だけを中心とせず、多角的な視点から診察し、日々探求されているドクターたちのお話は、きっと参考になることでしょう。

doctor's column 01

「毎日毎日１秒１秒を、全身全霊で生きたい」

『誠敬会クリニック銀座』院長 吉野敏明先生

「起きてしまった事象や運命は仕方がない。それを逃げずに全部受け止めて貫けば、いつか考えていることが形になるはずだ」

そう信じて、「逃げない・ブレない・言い訳しない」を信条に掲げたのが13歳のとき。それから40年経った今も、この３か条を自分に課して生きています。

子ども時代から10代、20～30代まで、うまくいかない人生でした。本当の意味で、日本や地球、まして宇宙が幸せになるなら、こうしたほうがいいのに、なぜ社会や人々はわからないのだろう？　と、社会に対して疑問に思う日々。自由にやりたいことができず、我慢を強いられてきました。

45歳のとき、保険診療ではなく自由診療のみのクリニックを開業。当初は経営が苦しく、今日40万円売り上げがないと明日には倒産せざるを得ないところまで、追い込まれました。

そのとき、友人の登山家・小西浩文さんとの会話で、電話口にこう言われたのです。

「人でも会社法人でも、死に際が大事なんだ」

小西さんは、14座（標高8000m超の世界の14の山の総称）の無酸素登頂に挑戦し、6座の登頂に成功しています。無酸素登頂というのは、命をかけないと辿り着くことのできない世界。小西さんは、日々命をかけて生きている人です。

生き延びることの大切さを身をもって体現されている小西さんに、「就寝前にシーツをピシッと張り、翌日着る服にアイロンをかけ、翌朝起きるときに布団からは右足から出るのか左足から出るかを決め、起きるべき時間に目覚まし時計をかけずに自ら起き、きれいな身だしなみで出社し、やるべき仕事をこなし、目が合った人には必ず挨拶をする。そこまでしても難しいのなら、会社をたたむのはいいだろう」と言われ、私はそのとおり実践してみました。

すると、インプラント治療の患者さんが、治療費全額の500万円をクリニックの受付に置いていったというのです。通常、前払いはお断りしていますから、患者さんへ「それは困ります」と言うと、「自分も経営者だからわかるが、君は腹を括った顔をしている。だから、全額置いていく」とのこと。引き下がっていただけなかったので、預かり金ということにさせていただきました。そうすると、「前払いしたい」という患者さんが続いて現れ、その月に似たようなことが数回起こったのです。結果、倒産するはずだったその月が、一年のうち最も売り上げた月となりました。

急いで小西さんへご報告すると、「わかったか。今日だけじゃなく、一生そうやって生きるんだ」と言っていただきました。

これが私の成功体験となり、「自分にとって正しいことをすること」「逃げない・ブレない・言い訳しない」「今日やらなければならないことは必ず今日やる」「出会った人に対して礼節を尽くす」を、人生のモットーにして生きる決意をしたのです。

＊

私は毎朝、太陽に向かって「創造主である神さま、おはようございます。責任ある行動で神さまを幸せにします。私は神さまを幸せにするために、今日を過ごします」と言ってから、一日をスタートします。

太陽の向こうには宇宙があり、宇宙の中心には創造主がいる。その創造主である神が、私を創ったのであれば、私は神の一部です。ということは、私が幸せであることが神の幸せとなる。

だからこそ、責任ある行動を取り、出会う人たちを幸せにして、宇宙も幸せにすることを、神に約束しています。

私も人間ですから、バイオリズムでその日の体調があまり良くないこともあります。それを、天候のせいにしたりするのではなく、自分が〝やる〟と決めたことはその日のうちにきちんとする、と決めています。

*

私は毎日「もし明日の通勤途中に刺されたらどうなるだろうか」と前日の夜に考えますし、「今日死んでもいい」といつも思っています。なので、一日が終わると、一瞬で眠りに就く。それは、「今日やれることは全部やりきった」という満足感があるからです。

そして、「謝罪・対策・落とし前」を3秒以内にすると決めているので、もし電車の中で人さまの足を踏んでしまった、または治療中に患者さんの顔に水をかけてしまったときには、すぐに謝り、つり革につかまったり、新しいタオルをかけたりして対策をとり、自分に罰を与えます。罰というのは、10倍くらいの痛さで自分の足を踏んだり、自分の顔に勢いよく水をかけたりと、相手にしてしまったことより重いことを自分にするのです。そうすると、相手は笑って「そこまでしなくても大丈夫ですよ」と許してくださる。

この3つを3秒以内にすると、何か起きてもトラブルにはなりません。逆に3秒過ぎると、一生の恨みになりかねないのです。

毎日の1秒1秒を、全身全霊で生きる。そのような死を意識した生き方が、これからの時代を生き残るために大切だと思っています。

（2020年7月6日公開動画より抜粋）

大自然の愛と調和の法則を用いたサイマティクスセラピー

現在でこそ、「量子医学」という言葉は普通に聞かれるようになりましたが、私は1996年に㈱サイマティック・リサーチの量子波動医学「**サイマティクスセラピー**」というものにご縁ができました。それがきっかけとなり、九州の地に約14年間住むことになったのです。

宇宙人生理論の中では、これからの時代の医療というのは、薬などに代わり、量子医学やエネルギー医学、光の周波数や音といった分野が、さらに研究され取り入れられていくといわれています。しかし、サイマティクスに出会った当時は、まだそのことを知る由もない頃で、当時セラピスト・ヒーラーとして自分の手技を使い治療をしていた私が、この周波数を共鳴させていく器械で人が癒えていくことに、大変な驚きと興味を持ったのでした。

サイマティクスの原理は、**大自然の愛と調和の原理**と同じだといえます。

大自然は愛と調和のバイブレーション（周波数）で成り立っているといわれています。疲れた時、落ち込んだ時、悩んだ時、苦しい時、悲しい時、海でも山でも森でも、もの言わぬ大自然の中に身を投じ、ただそこで自然と対話し一体となり眺めているだけでも癒され、勇気や元気が甦る。こんな経験は皆さんにもあるのではないでしょうか。

この不思議さというのは、大自然の放つ愛と調和のバイブレーションに、いつしか人間の心にも身体にも共振共鳴が起こり、本来の自然な状態に調《ととの》っていくものなのでしょう。

人間も健康な時であれば、細胞、各臓器、器官、それぞれが固有の周波数を放ち、大自然と同じように調和しています。しかし、症状や病状が起きるというのは、何らかの影響により、本来の臓器や器官の固有の周波数に、ひずみや乱れが生じ、不調和な状態となっているのです。

サイマティクスは、その乱れた不調和を、本来の各臓器の調和的な周波数に戻すことで健康が回復するという考え方に基づいています。面白いことに、身体をもとの調和に戻す周波数は単1のものではなく、5つの周波数の調和音でのみ機能するというのです。

サイマティクスの周波数の中には、細胞や筋肉、骨、血管、臓器といった物理的な音は当然のことながら、チャクラや経絡、生命力といった中医学やインドのアーユルヴェーダで説く目には見えないエネルギー的な音もあります。さらに、愛や自信、希望、寛大さ、精神的な休息、緊張緩和、バッチフラワーといったメンタル的な音や、青色、緑色という色の音まであるのですから驚きです。

サイマティクスは人間の構造を理解し、音の組み合わせで、身体をもとの自然な状態に調えていくという、まったく副作用のないこれからの時代の医療のひとつといえるでしょう。

『マスターオブライフ協会』でも、サイマティクスによる周波数音源を取り扱っていますが、協会メンバーの中には毎年憂鬱な花粉症がサイマティクスで改善されたという事例もあります。もちろん今回のコロナウイルスにも対応するため、身体全体の免疫機能を上げることを目的とした周波数の音源もあるのですが、非常に体調が良くなったという例は多数あるのです。

私たちの肉体も、量子レベルからすれば「エネルギー」です。過渡期の今は、さまざまな視点からエネルギーを落とさない生き方をすることはとても大切です。

ドクターズ・コラム2にご登場いただく星子尚美先生とは、サイマティクスの開発者であるドクター、サー・ピーター・ガイ・マナー博士に会いに、一緒にイギリスまでに行かせていただくというご縁がありました。

doctor's column 02

「気づきを得ると、病気は治る」

『星子クリニック』院長 星子尚美先生

父親が医者だったこともあり、自然な流れで私も医者を志すようになりました。そして、放射線科を専門とする医師として、ガン患者さんばかりを診ていました。

しかし、いくら治療をしても、ガンは治らないのです。来る日も来る日も一向に良くならない患者さんを診て、疑問を抱くようになりました。

「人を助けるために医者になったのに、人を殺している気がする」

研修医の頃から、三大治療をしても完治する患者さんが一人もいなかったこともあり、もう医者を辞めようと思うようになっていました。

ある日、亡くなった患者さんのご遺族から遺書をいただいたのですが、そこには感謝の気持ちと共に、「立派な医者になってください」と綴られていたのです。

立派な医者とはなんだろう……。

私が出した答えは、「治す医者」でした。

そこから、日本ではまだ導入されていなかった代替治療の世界に足を踏み入れます。サイマティクスセラピーを開発・研究されたドクターによる波動治療も取り入れるようになりました。

そうしているうちに、私自身もガンを経験することになるのです。

＊

自分もガンになることで、ガンを患う原因、そして本当に治る治療を、経験を通して理解することができました。

ガンを含め病気にならないため、そして治すためには、日々の生活が大切です。

私たちの肉体は、この地球で生きるための借り物です。肉体は食べ物でできていますから、暴飲暴食をしたり、ひどいものを食べていては、体に悪影響を与え、病気の原因を作ってしまいます。具体的には、いい水を飲むよう意識する、遺伝子組み換えや農薬まみれの食品は避ける、微生物や酵素の働きにより腸を元気にしてくれる発酵食品を積極的に摂る、インスタントや加工食品は食べない、などがあります。

特に、加工食品は、死んだものを食べているのと同じこと。だから食べると細胞が死んでしまうのです。

「いただきます」という言葉は、命を食べるから〝いただく〟と言います。しかし、体のことを考えない現代人の食生活では、生きたものを食べてはいません。それでは、体が死に向かってしまうのです。

自分がガンになったことで、食のことを詳しく調べたり、伝統医学を勉強することで、アーユルヴェーダなど東洋の伝統医学は、生命の知識を教えるための〝生命の医学〟であることがわかりました。

しかし、今の西洋医学は、救急治療をもとに発達した医学です。ですから、急性の疾患には必要ですが、慢性の疾患には対処できないのです。

病を治すなら、根本の治療が必要です。そこで、私は「予防医学」を普及させる方向へシフト。予防医学を中心にしたホリスティック医療のクリニックを開業し、今に至ります。

＊

良かれと思って体に取り入れているものが、じつは間違った情報だったということはよくあります。それを指摘してくれる医師も、そもそも予防医学に関して知識のある医師も少ないのが現状。ですから、なんで病気になったのかわからない患者さんが、たくさんいるのです。

人間が生活をしている中で、こんなもの・ことが病の原因になり得るということを、一人でも多くの方にお伝えしたい。特に、家族の生活をみているお母さんたちに、本当のことを知っていただく教育ができたらと思っています。これからは女性性の時代。女性が賢くないと、国が滅びてしまいますから。

病気は、自ら作っていることがほとんどです。「気」と書くように、〝気づき〟が大切。生活の中で、気づきを得ていく。病になって、気づきを得る。病気は、自分に気づいてほしいことがある。そう思えると、病気は治っていくものなのです。

（2020年1月2日公開動画より抜粋）

ＶＵＣＡ時代を生きぬくための現実的な対処法

地球人類が新たな文明を迎えるにあたり、これまでの現代文明のシステムは徐々に機能不全を起こし、崩壊していきます。しかし、今は、その狭間の最も不安定な時代です。この時代をきちんと生きぬくためには、俯瞰した多角的な視野が必要です。古いビルからいち早く脱出し、新たな時代の新築のビルに移動する間のＶＵＣＡ時代に、今、私たちはどんな対処をしておくべきでしょうか。

あらゆる分野での対処法がありますが、ここでは主だった現実的な対策や対処法をお伝えいたします。

《経済》

●投資するなら、安全資産としての金と銀

金融投資というのは、夜の時代のシステムです。

昼の時代の恵財システムは、循環システムで、これまでのような一部の人間たちの収奪システムではなくなり、生活に必要な光熱費も0円になってくるといわれる時代です。すでにいろいろなところでフリーエネルギーが開発されています。

昼の時代に移行するにあたり、しばらくは夜の利権構造と昼の循環システムへの攻防は続くはずです。ディープステートが作り上げた金融システムから離脱し、新しい経済の仕組みができ上がるまでは、否応なしに経済宗教の中を生きざるを得ません。

コロナによる経済の影響もあり、この先、リーマンショックの10倍以上の打撃が世界経済を襲うことも想定されているのであれば、金融崩壊や預金封鎖があることも考えて対応しておいたほうが良いかと思います。地震の防災対策と同じで、地に足をつけてVUCAの過渡期を生きぬくだけの経済面での防衛対策も必要です。

この時期、不透明な投資をするのは賢いとはいえません。投資でお金を増やそうとするなら、しっかり勉強し、かつリスクに対するマインドを強く保てることも大事です。この時期にお金を失っていく人々は、ほとんど詐欺と投資だといわれています。

さらに精神的なエネルギーを奪われるような危ないものに手を出すと、エネルギーが消耗するので、魂的な気づきが得られにくくなっていきます。

とはいえ、過渡期の今を賢く生きるのであれば、何もせずにひとつの銀行に預けているよりも、資産を分散するのは当然の対策です。緊急に何かあれば、やはり現金が一番ものをいいますから、防犯に気をつけた上でのタンス預金も必要でしょう。

そして、「有事の金」「安全資産」ともいわれている「金」や「銀」を持っておくというのは堅実だと思います。ただし、金はすぐに売買して利益を得るという考え方ではなく、長期で保有しておく資産という認識で持っておくことです。

本来、金も銀も含め、地球内部にある鉱物は、地球から取り出してはいけないものとされていました。しかし、歴史上、金の兌換券が私たちの紙幣となり、現状の経済宗教の動力となっています。こういった背景を理解し、かつ世の中を俯瞰した視点からいえば、金や銀を保有しておくことは、多少「有事において」はレバレッジがあるかもしれません。もちろんこれを読んでも、すべては自分自身でよく調べて判断すべきことです。

最終的に、生きる力となるのは物質の力だけではなく、私たち自身の**エネルギーの高さと不**

要な恐れや不安を内混ぜにして生きない気持ちの純度です。金も、何も混ざらない純度の高いエネルギーを持つものです。

「純金」のエネルギーのように、私たちの気持ちも何も混ざらない高い「純」なエネルギーにしていくための、象徴としてとらえておくのも良いのではないかと思います。

《**人間関係**》

●自分に学びがあるから、すべては起こる

昼の時代では、人間関係の在り方も変化します。もうすでに変わってきているという方も少なくないでしょう。

あらゆる人間関係において大切な対処法は、これまでの認識を変えることです。誰かとの関係において、起こる出来事はすべて自分に因があります。たとえ相手が100％悪かったとしても、その事象から自分が何か気づくべきこと、学ぶべきことがあるということ。そのことを〝知っているか〟どうかが大切です。

だからといって、一瞬で感情が消え去るわけではありません。大切なのは、感情だけで心を

飽和状態にするのではなく、この事象を通じて何か気づくべきことがあるんだ、と知っていることです。それにより、答えを早く見出せるスペースが心に生まれるのです。

その後に、事象を直視して、自分が感じていることは感じ切り、言うべきことは相手にオープンハートで伝えてみる。決して、相手を攻撃するのではなく、自分自身の中にある想いを、きちんと伝え昇華させることができると、関係性の中で新たな罪状を作ることはなくなります。

相手の存在を通じてさらなる気づきが得られ、成長できたと感じれば、感謝に変わる人間関係を築いていけるでしょう。

《結婚》

●結婚から結魂へ

今、結婚しない人や、離婚する人が増えています。結婚するにしても晩婚傾向となってきています。経済的なことが要因ともいわれていますが、「結婚は早くするもの」という認識は、夜の時代に機能した概念なのです。

戦争や重労働で文明を築いてきた夜の時代では、兵士や重労働を担う人手がたくさん必要でした。そのため早く結婚して、国やお家の存続のために子どもをたくさん産み、特に男子を生むべきという概念が植え付けられていたわけです。

結婚の文字は「女が氏の日に寄り添う」という形になっています。つまり、夜の時代の女性の結婚は、嫁いだ家系にすべてを捧げ、家系が存続するよう子どもを産み育てるというルールだったのです。

おまけに、夜の時代の結婚というのは、全体のうち8割が過去世で敵同士だった魂が一つ屋根の下で夫婦として一緒に暮らすことで、過去の因縁因果を浄化・昇華するという法則が働いていました。ですから、楽しいのは最初だけで、あとはひたすら忍耐・我慢で心に折り合いをつけていくことを要求されたのです。

昼の時代では、結婚の概念は変わってきます。互いの魂が進化・成長する時間を共有する相手となり、その意味するところは魂の結びつきの「結魂」となり、結婚は〝選択肢のひとつ〟となっていくでしょう。

素晴らしいパートナーシップを築くことは、これからの時代においても素敵なことです。昼の時代になれば、それが異性でも同性でも、ペットでもロボットでも魂が進化・成長し合える存在であれば、良いパートナーとして関係性を築いて生きることができます。

とはいえ、子どもがいない夫婦が増えると、今以上に少子化が問題となるでしょう。ですが昼の時代になると、今までの出産方法とは別のテクノロジーにより、子どもを授かる方法が出てくるといわれています。

もっといえば、地球の人口は、じつは地球自体がコントロールしているのです。地球は生命体です。人口が地球の許容範囲を超えて増えれば自ら減らす傾向となり、少なくなれば増やす傾向となるのです。

実際、男女の出生率も、どんな時代においても不思議なほどバランスが取れています。人口のバランスも人間が変に手出ししなければ、本来、地球という大自然が調和を取ってくれるのでしょう。

《働き方》

●経済から恵財へ

夜の時代の経済を得る社会システムは、三角形のトップダウン構造が圧倒的でした。トップダウン構造とは「ドリフターズバージョン」に例えられます。いかりや長介さんがトップで主役をはり、主役になれない人や年下の人が、長さんの下で労働を強いられるという図式です。

自分の魂の目的で働くというより、ライスワークのために、会社という組織の中で、嫌だろうが上のポジションにいる人の指示で働き、時間と労力とエネルギーを提供することの対価としてお給料をもらう。それを宇宙人生理論では「経済」といい、ほとんどの人がそういう働き方をしてきました。

昼の時代では、フラット型の「嵐バージョン」へ変わります。現在は活動休止してしまいましたが、ジャニーズグループの嵐は、主役が一人いるのではなく、５人全員が主役になります。かつ、各々の個性や得意とする分野を活かした活躍をしていますよね。

これからの時代、私たちの働き方もフラット型になります。つまり、各々が持っている才能や個性を自覚し、活かし、一人であっても主役として活躍できる時代です。そして、常にグループ（組織）にいるのではなく、方向性の同じ人々と才能のコラボレーションをしながら、人や社会に価値を提供していくことで、利益が廻る。これが「恵財」です。

コロナウイルスがきっかけとなりリモートワークが定着したことで、今は会社という場所に出勤せずともインターネット環境さえあれば、どこにいても自分の才能や価値を、人や社会に提供することができる時代になりました。そもそも昼の時代になれば、会社に出勤するという発想がなくなってくるといわれていたのです。

それがわかっていたので、２０１４年に設立した私の協会ではオフィスは持たずに、スタッフは皆、日本全国あちこちに在住していますが、すべてネット環境の中でミーティングもセミナーも講座も行っていました。コロナウイルスで世の中がリモートワークに移行せざるを得ないことでてんやわんやしている時も、まったく普通の日常だったのです。

むしろ、今までは、変わっている働き方だと思われていたかもしれませんが、今回のことで、ようやく世の中が、昼の時代の働き方に切り替わってきたと確信したのです。

これから、世界中の人々が、可能な職種であれば自由なスタイルで、ネットさえあればどこにいても仕事ができるという働き方に移行していくでしょう。仕事に限らず、ショッピングも交流も旅行でさえ、家を出なくともできてしまう時代です。

そういった、環境に縛られない働き方の中で、自分ひとりでいられる自由な時間を多く持てると、魂と繋がりやすくなります。それにより、独自な発想やアイデア、創造性が開花していきます。

昼の時代は高度精心文明です。物を得ることに豊かさを感じていたという物質文明の夜の時代とは違い、昼の時代の恵財となる大事な要素は、物や商品を売るだけの売り切り型のスタイルではなく、その後に精心的な満足を得られる継続したサービスや関わりに、価値が置かれる時代です。その視点を培い、人や社会に価値を提供していくことで自ら循環を起こし、また方向性を同じくする人々とのコラボやプロジェクトを立ち上げて、魂的にも満足できる、豊かな恵財を得ていくことになるでしょう。

《教育》

●一方向性社会の洗脳システムから脱却しよう

宇宙人生理論を遺したマスターは生前、「中学を卒業したら、自分の好きなことで身を立てろ。あとの義務教育は行けば行くほどダメになる。目的もないままの高校・大学への進学は、地獄行きだ」と言っていました。少し、極端な言い方ではありますが、確かに私も、高校時代は朝から晩までバスケットボールに明け暮れたことしか記憶に残ってないですから、高校での学業は今の私にはあまり役に立っていないのかもしれません。

これからの時代は、雇われの奴隷マインドでは非常に生きにくい時代になっていきます。大学まで進学して、すぐに人生の目的を見出し起業できるならいいかもしれませんが、卒業しても目的もなく、言われたことしかできず、何のために生きているのかわからないまま社会人になってしまうと、魂が萎え路頭に迷う人生を送ることになりかねません。事実、人生の目的がわからずに悩んでいる大人は多いですよね。

今の教育システムをガラリと変えないことには、いつまでも人生の方向性に悩み苦しむ大人を量産し続けることになるでしょう。夜の時代から続く今の教育は、一方向性社会に馴染むための「洗脳教育」だったともいえます。

支配者が、これまでの社会の仕組みに疑問を抱かせず、人類を〝信じて従わせる〟ためには、学校教育という名の洗脳により、子どものうちから一方向性社会の枠や型に入ることで、魂の目覚めを阻んでいたのです。

夜の時代の教育の特徴は、トップダウン型社会の中で一番を目指す「秀才教育」でした。良い大学を目指し良い会社に入るために、学校の勉強は全科目すべてが平均点以上を取れる秀才を良しとした教育です。

これからの昼の時代は、フラットな社会や会社、方向性が同じ人々のコミュニティや組織の中で、言われたことをやるだけではなく、自分の才能を価値として提供し、プロジェクトのゴールに向けて、コラボレーションをしていく時代となっていきます。

新たな時代の中で順応できる教育は、たとえ全科目が平均以下の低い点数であっても、早いうちから個々の才能を見出し、唯一得意なのはダンスとなれば、それを磨いて伸ばす「天才教育」に切り替わっていく仕組みが大切になってきます。各々の才能を見出したら、人の目など気にせず、将来きちんと恵財となるための創意工夫ができ、必要なコミュニケーションとスキルを学べば良いのです。

では、教育システムをガラリと変え、昼の時代の価値観へ移行していくにはどうすれば良いのでしょうか。

それには、まずお母さんたちが目覚め賢くなること。そして、先生たちも自分自身の魂の目的に目覚めて行動し、背中を見せていくことが大事です。

また、ＮＥ運命解析学を活用していただくことも効果的だと考えています。個々の生きる方向性や適性、人生全般の傾向、魂の目的が早い段階でわかり、その後に必要な教育や技術を身につけられるようサポートすれば、人生の方向性に迷うことなく、自分の魂の目的を生きることができるようになる人が増えるはずです。

《医療》

●病院や薬に頼らない！　不調があるのは、あなたへのサイン

昼の時代が進めば、量子波動による優れた療法や器具が出てくることでしょう。そうなれば、今のガンや認知症、治らないといわれている病も消えていく可能性はあります。しかし、今すぐそれが解禁されるというわけにはいかないようです。

本書のコラムにご寄稿いただいた吉野敏明先生との対談動画で、現在の医療システムが変革するには、あと50年はかかるのではないか、とおっしゃっていました。

今の医療体制を知り尽くしている先生だからこそ、医療システムの崩壊は大変革を意味することを理解されていらっしゃるのでしょう。

現在の医療や薬の分野は、夜の時代の支配構造におけるディープステートの人間たちのビジネスです。私もかねてより、日本の医療体制の不都合な事実を見聞きしてきました。

病を防ぐことを教えるドクターは少なく、病気になったら処方はすべて薬。結果、人々は薬なしでは生きられないと思い込み、生涯にわたり薬漬けになるのです。

ワクチンを含め新薬が何億ものお金を投資され次々と開発されますが、一向に病人が減る気配はありません。むしろ、新薬の数は増えているにもかかわらず、病気は増えています。

私は、医療全体を俯瞰して見ている意識の高いドクターの方々とやり取りさせていただく機会があるのですが、そのようなドクターも皆さん、現在の医療制度や仕組みの裏を知り、疑問を感じていらっしゃるようです。

病人が減ると、病院の経営が厳しくなり、薬の需要も減り、製薬会社も厳しい状況へ追い込まれます。それでは、「医療」「製薬会社」というビッグビジネスの勢力が衰え、ディープステートの収益が減る……。彼らからしたら、それは避けたいことです。

だから人々を病気に〝させて〟、病院を病人で溢れさせ、薬を次々と与える。そして今度はその薬が原因で新たな病気になる、または補う薬が必要であるとして、薬を循環させる。

このような仕組みを、私たち一人ひとりが賢く見極めていたら、夜の時代の支配者の医療ビジネスと医療システム、行政の癒着や関連を、読み取ることができるでしょう。

では、医療に頼ることなく、自身で健康を保っていくにはどうしたらよいのでしょうか。

体に出る不調や症状は、最終的には、生活習慣や、感情や心の問題、中には、魂レベルからの気づきや軌道修正を促されていることも多くあります。

現在、体に不調があるとしたら「この症状から、どんな学びがあるのだろうか。気づくべきこととは何だろうか」と、自分自身に問いかけ、向き合うことも重要です。自分の体からのサインを受け取っていくことで、人生そのものにも軌道修正がかかり、私たちは過渡期を乗り切ることのできる健康な肉体と精心を築いていくことができるのです。

doctor's column 03

「本物の情報が、自分の身を守る」

『たかはしクリニック』院長 高橋嗣明先生

形成外科医として患者さんに向き合ってきましたが、傷や手術跡をもとに戻す〝技術〟だけを一生懸命求めても、治らない方がいます。反対に、医師は奇跡のような不思議な出来事に遭遇することもある。私にはいわゆる霊能力はありませんが、目に見えない領域で私たちが知らないことはたくさんあるのではないか、と思うようになりました。

それと同時に、今の医療は本当に正しいのだろうか、という疑問も抱いていたのです。医者になった当初は、今ほどガン患者は多くなかったのですが、現在ものすごい勢いで増えています。欧米ではガン患者を減らす取り組みがなされていますが、日本だけ増えている事実に、私たちは真剣に向き合わないといけません。

東洋医学の学会に参加しても、人を治せる医師は少数です。その少数派の医師たちは、「ひとりの人」を観る感覚があります。つまり、人となりを観るのです。

たとえば、高血圧だからと、処方された薬で患者さんの血圧が下がったとしても、いずれ動脈硬化になり心筋梗塞を発症する恐れがあるのは、目に見えています。その患者さんが根本に抱える、ストレスを取り除かない限り、どんなに薬を処方しても治ることはないでしょう。

今の医療には、根本の幹を治すという発想がありません。幹ではなく、糖尿病やガンなどの疾患である葉っぱだけを観て治そうとする。何でこんな色の葉っぱになったのか、だけを追求したところで、根が張る土や栄養を観ない限り、治らないのです。木は、幹からエネルギーが流れて、枝や葉へ循環するわけですから。

*

日本の医学部では、栄養学のカリキュラムがないに等しい状況です。私も、医師になって自ら勉強するまで、栄養学の知識はありませんでした。1年生の生化学の教科書に、一部出てきたくらいです。

栄養療法を取り入れている医師は皆さん、糖尿病は絶対に治ると思っています。しかし、栄養学を知らずに薬を出して終わらせようとする医師がほとんどなのが、今の日本の現状です。

糖尿病であれば、薬はやめて、疲れ切っている膵臓を休ませてあげる。そしてひたすら抗酸化・抗糖化の食事を摂ることで、血管を守る。そうすれば、数値が悪くても悪化することはありません。

本質とは、そういうことだと思うのです。何はともあれ薬を処方する医師、薬に頼って安心している患者さん、この図式が続く限り、何の本質も見えてこないでしょう。この意識も、欧米に比べ日本はかなり遅れています。

＊

日本の医療制度は、ある程度守られています。保険料さえ払えば、一定の金額で治療を受けられます。良い面もありますが、そのおかげで人々は医療制度について思考が停止していると思うのです。

今の制度では、医師に対しては出来高払い。ですから、「この患者さんなら2週間の漢方だけで治る」と1回の診断で治せる知識のある医師には、お金が入らない仕組みになっているのです。知識を増やそうとせず能力が低い医師ほど儲かる。これが、今の制度です。

医療として一番大切なことは、薬を出すことではなく、患者さんの生活習慣をどう直していくか。この取り組みを医療としてすべきなのではないでしょうか。

そして何より、一人ひとりが自分の身を守る意識をもつ必要があるでしょう。

自分を治せるものは、自分の体の中にしかありません。つまり、何を口に入れるかが、予防にもなるし、治療にもなるのです。そのためには、本物の正しい情報を得ることが必要です。

今はいろいろな情報が多方面から入る社会。でも、本物の情報はテレビでは絶対に放映されません。私たちが身近に食べたり飲んだり、口に入れたりするものの中には、疾患に繋がるものが相当数あります。それなのに、情報源の主流であるテレビでは言わない。その裏には、医療制度や社会をコントロールしている力が働いているのではないか……と思うのです。

そのような思考をもち、本物の情報を自分から得ていく。それが、自らの身を守る、最大の予防策であり治療法となるのです。

（2020年1月14日公開動画より抜粋）

昼の人種が目覚めるためにできること

ＶＵＣＡ時代の過渡期を終えて、昼の時代の文明へ完全に切り替わる時期はいつなのか。それは、私たち人類の目覚めにかかっています。

そのためには、昼の人種として生まれている人々が早く目覚めて、自分のやるべき魂の目的に沿って行動することです。新しい文明の仕組みや礎を造り上げる役割のある人や、人類が樂に自由に生きるためのシステムを築く役割の人々が、能力を発揮していくことが待ち望まれます。

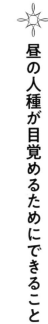

昼の人種は、それぞれの役割分担をもって生まれていますから、各々の配置につくには、私たち皆が目覚めていくことが必要なのです。

特に、今の子どもたちや若者は、昼の魂を持つ昼の人種が多いといえます。これからの文明を築くために生まれているわけですから、彼らが担っている役割をまっとうできるよう、親や大人たちが意識を変えなければなりません。

昼の人種の性質のままに今を生きていると、夜の社会の枠組に入らないので、ＡＤＨＤなどの発達障害とレッテルを貼られたり、ウツと診断されたりして、本人の意思とは裏腹に薬漬けにされてしまうことも多い現状です。だいたい昼の人種は、夜の時代の価値観や世の中の仕組みに適合しません。そうすると、「奇人変人」という目で見られ、親が夜の時代へと逆戻りの軌道修正をかけてしまうのです。

私のもとにも、お子さんに関する相談が多く寄せられます。

たとえば、子どもはどう見ても昼の人種なのだけど、父親がエリート官僚だから、子どもを夜の時代に適合させようとして家庭崩壊が起こっているなど、さまざまなケースがあります。

解決策としてひとつ言えることは、親が目覚めて賢くなることです。

「自分の子どもは、昼の人種として新しい時代の文明を築いていく人間なんだ」

「夜の時代にどっぷり浸かって生きている親が、昼の時代の感覚や価値観、感性を学ばせてもらうため、子どものほうがすでに大人の魂を持った〝先生〟として生まれてきているのだ」

そう親が気づいて理解していくことで、親子間での亀裂も回避できるでしょう。子どもも伸び伸びと、本来の生き方へと進んでいくことができます。それが、夜と昼の時代の過渡期に生まれ、ハイブリットとして人生を選び、昼の魂を持つ子どもを授かった親としての役割です。

親だけでなく、私たち大人のうち、目覚めた人から認識を変えていく。

そうすると、昼の時代に役割をもって生まれている人を、早く気づかせ目覚めへと導くことができるでしょう。

成功から成幸の概念へ

私たちのほとんどは、肉体的には夜の時代の先祖のＤＮＡを引き継いでいますが、魂として、夜の時代の社会や在り方に違和感を感じるということは、昼の魂を持ちながら、夜の価値観と昼の感覚を併せ持つ「ハイブリッド」だといえます。完全に昼の人種としての魂を目覚めさせたいのであれば、これまでお伝えしてきた認識や価値観を昼の時代に向けて変革させるようにしましょう。

そのひとつが、「しあわせ」の概念です。


夜の時代のしあわせとは、「成功」することでもたらされるものでした。

成功とは、限りない欲《よく》を持ち、お金や地位、名誉、人脈、立派な家や車などを、いかに所有するかが基準で、何不自由なく過ごせる物質的な豊かさに象徴されていました。

しかし、この概念は昼の時代ではガラリと変わります。

昼の時代のしあわせの定義は、**「成幸」**です。それはどんなことなのでしょうか。

まず、限りない欲を落とすことで自分の魂と繋がります。そして、魂の目的に根ざし、価値を人や社会に循環する生き方になっていくので、全宇宙から応援されるようになります。

そして、物質面では余計なものを持たなくても、人生に必要なものはタイミングよくもたらされることを〝知っている〟ので、生涯安心して生きることができる。

これが、成幸であり、しあわせの概念となります。


成幸の概念があると、「お金がないな→何か循環を止めている→募金しよう」という発想になります。この社会・宇宙は「循環システム」。だから、豊かになるということは、まずは自分から循環させようとする。その結果、宇宙自然が応援して、必要なものはきちんと廻らせてくれるのです。

これが、宇宙の循環の法則です。

成幸の生き方へと私たちがシフトできると、**どうすれば自分が、人や社会の循環の基点となれるか**、という思考になっていきます。

あなたが成功から成幸へと概念を変革できたとき、宇宙自然から応援され、絶対的安心のもと生きていくことができるでしょう。

創造者として絶対的自由に生きる

新しい時代を迎え、宇宙のプログラムに則り、人間はこれまでの神の位置へとレベルアップします（詳しくは79ページ参照）。

つまり、すでにあるものを壊したりアレンジして、新たな文明を造り出す「創造者」となるのです。

持ち越してきた罪状を残らず昇華・清算して、自分の魂の目的をまっとうすることのできる時代。その時代を生きる一人として、新たな文明のもと、どんな人生を創造していくのか。それは、私たちが自分で決めることができます。

それには、より高い視点の位置まで進化していくことが大切になってきます。

この世界のものごとやあなたの人生を見ることのできる、50階建てのビルがあるとしましょう。地下1階にいたら、外の世界は何も見えません。そこにいたら、問題解決能力はゼロ。見えないからこそ、上の階にいる人の声を信じて従うことで、なんとか生きることのできる階層です。

ここから1階ずつ上がりたい。そのためには、罪状という壁が現れたら直視して学びを得て、進化していく。一つずつ向き合って解決することで、だんだんと階層が上がり、少しずつ上の位置から世界と人生を見ることができるようになります。

やっと20階まで上がったとしましょう。20階から見下ろすと、今まで障害物があって見えなかった景色が見えてきます。でも、20階の位置よりも背の高いビルがあって、向こうに広がる海が見えません。

「せっかくだから、この景色をもっと楽しみたい！」

そう思って、あなたはさらに上の階を目指すのです。

これは、仏教でいう「境涯」と同じです。境涯が1段上がると、虫ケラと人ほどの違いだとされ、全部で52段階あるとされています。

これまでは、弘法大師のような高僧でも40段階くらいまでだったそうですが、なかなかその上をいく人は現れなかったといわれています。今の時代の私たちには、一気にかけ上がっていける可能性があります。

なぜなら、昼の時代になり魂が目覚め繋がることで、宇宙の英知をダウンロードでき、人生や地上のあらゆるところに創造し形造ることができる「創造者」へとレベルアップしていく可能性を秘めた存在だからです。

今回の人生で、自分の視点、つまり境涯をどこまでも高くし、この世のすべてや神羅万象、宇宙法則の視点から、起こる事象をすべて俯瞰できる位置、３６０度全方向性が見渡せる最上階の屋上へ辿り着くことができるかどうかは、皆さんの日々の中の気づきと進化度にかかっています。

この階数の高さは「自由度」とイコールです。

自由度の高さこそ、人生の問題や世界の問題をクリアしていく力、「創造性」から生まれるものであり、私たち人間が創造者へとレベルアップしていくことで得られる、昼の時代の特徴となる「絶対的自由」へと進んでいけるものなのです。

一人ひとりが、絶対的自由を目指し、創造性を発揮していく。

それは、新しく訪れる昼の時代の文明において、後悔のない成幸と安心に満ちた、しあわせな人生を歩んでいくことができる重要な要素なのです。

今までの夜の（祖）時代の特徴、これからの昼（皇）の時代の特徴

※詳細は著者のYouTubeチャンネルにて解説

	夜（祖）の時代の特徴 今までの2500年	昼（皇）の時代の特徴 これからの2500年
宇宙のプログラム	夜のプログラム（祖）	昼のプログラム（皇）
社会の構造 1	一方向性社会	全方向性社会
社会の構造 2	ピラミッド型	円形型
社会の構造 3	地球牢獄のルール	宇宙のルール
生き方の変化 1	信じて従う	自立 創造性
生き方の変化 2	雇われる	自営 コラボ フリーエージェント
生き方の変化 3	神仏佛 先祖の信号	魂 自然からの信号
生き方の変化 4	団体行動　集団行動 大衆群衆	単体　単独行動
生き方の変化 5	世の夢重視	魂の目的　天命　魂職 志重視
生き方の変化 6	人 もの 金　で選択した	人　もの こと（方向性） で選択する
生き方の変化 7	不足の時代 皆“慾”を 持っていた	満足の時代 しだいに“欲”に変わる
生き方の変化 8	学校を基盤とする “知識”	魂に基づく“知恵”
生き方の変化 9	常識　倫理　経済 過去のデータ　理屈に頼る	自分の閃き　思い 考えのみに頼る
生き方の変化 10	苦労　努力　根性 頑張る　自己犠牲	樂しい　楽　スムーズ 喜ぶ　嘉ばれる
生き方の変化 11	他動説	自動説
世の中の動き1	男性中心 男性の決定権	女性中心 女性の決定権

	夜（祖）の時代の特徴	昼（皇）の時代の特徴
世の中の動き 2	物質中心	精心中心
世の中の動き 3	宗教的発想	科学的発想
重要関数 1	お金　地位　名誉 人脈	魂の意図　人生の目的 を同じくする グループ
影響するもの	権威　権力　秀才 武力　武器　情報操作	個人の器 器械 ネット 天才 テクノロジー ロボット
財のルート	経済	恵財
教育	秀才教育	天才教育
認識 1	見るものが見え 見えないものは見えない	見えるものも見え 見えないものも見える
認識 2	物事は外側から起こる	物事は内側から起こる
思考 1	直線的	曲線的
思考 2	考える（脳）	閃く（心）
思考 3	過去ベース思考	未来ベース思考
思考 4	知識　目標	感性　知性　論理性 知恵　創造性
思考 5	正しく生きる	自由に生きる
思考 6	多数決	波動の合う人のみの 全員一致
思考 7	農耕思考　人まね思考	狩猟思考 我が道を行く思考
思考 8	競争	共生

	夜（祖）の時代の特徴	昼（皇）の時代の特徴
行動1	プロセス重視	結果重視
行動2	集団行動	単体行動
自由	条件付き自由	絶対的自由
仕事1	苦労　努力　真似る	趣味　創造　発想　楽 楽しい
仕事2	人力　労働	他力　テクノロジー
仕事3	商売繁盛	商売穏栄
人間関係	先祖の因縁因果の縁	魂レベルの縁
幸不幸の考え方	外部や他人のせいで 決まる発想	すべて自分の内側から 起こる発想
大切な縁の順番	親　兄弟　子ども　親戚 夫婦　友人　自分　無縁	自分　友人　子ども　夫婦 無縁　親　親戚　兄弟
流通システム	間接供給	直接供給
学校システム	一方向で均一の教育	全方向の専門教育
医療システム	臨床医学　薬学	周波数　光　音 再生医療
金融制度	合法的な胴元金融制度	消滅していく
結婚制度	強固に存在	希薄になり 選択の一部
家族制度	強固に存在	希薄になり スタイルが変わる
国という仕組み	国境の境界線は強固	境界線は消えていく

あとがき

歴史を紐解けば、いつの時代でも、時代と時代が大きく変わる狭間で生きる人々は大変です。まったく別の価値観が萌芽し、いつしか古き価値観と、水と油のように混在し合い、そして人類ではいかんともしがたい宇宙の意図のもと、新たな価値の大波にすべてが飲み込まれていきます。

混在し合う価値観の中で、親子や夫婦、兄弟姉妹、親しかった友人知人さえも、相容れない価値観を認め合えず、袂を分かつことになっていく悲劇も繰り返されてきたといえます。歴史は繰り返され、今も、古き夜の時代の価値観と新たな昼の時代の価値観において、あちこちでそういうことが起こっているのかもしれません。

これまでの夜といわれた時代はトップダウンの一方向性社会が王道でしたから、どんなに民衆が立ち上がり、変革や革命が起こっても、搾取する側・される側の構造は変わらず、人類の一般的な魂の段階では、それ以外の社会構造には行きつかなかったのです。

しかし、これから訪れる新たな昼の時代の文明は、進化した「大人の魂を持つ」人々が造り上げる全方向性社会となっていきます。大前提にあるのは、魂が目覚めた人々が魂の自立と絶対的な自由を目指す時代なのです。

それには、これまでの時代の人類の構造や背景、宇宙法則と現実のどちらも理解した視点から、物事を見通せる精心性を持つことが重要です。それは、あたかも高度に俯瞰した目を持つ「創造者」として生きることを促されているのです。

その視点から見れば、人類がなぜ、これほどまでに争いを繰り返してきたのかという構造も理解でき、では、どうしたらいいのかということも、考えうる知性も備わってきます。

宇宙人生理論は、大宇宙の法則を「侖《ろん》」として伝えています。その法則の中でもやはり一番重要なのは、本書でお伝えした「夜の時代特有の先祖（ガイド）のシステムにより影響されていたこと」と「蒔いた種は刈り取る、原因結果の因果律」を理解することだといえます。

今、そういうガイドのシステムも徐々に消え始めています。

今を生きる私たちが、この本でご紹介させていただいた、夜の時代の成り立ちから歴史の背景、人間の構造を理解して、同じことを繰り返さない思考や価値観に切り替えて、人類にとって良き時代の種を蒔いていくことができれば、昼の時代の文明は人々にとってユートピアのような文明へと移り変わっていくことができるのです。

とはいえ、今はまだ、長い歴史の中で繰り返された人類の澱みとでもいうようなものが、浄化される上で噴き出し始めたという段階です。一見、光と闇の攻防合戦のように見える状況ですが、地球の意思からみれば、そうやって一人ひとりの魂の持つ罪状と地球環境の澱みを昇華し、新たな方向性へと着々と進んでいこうとしているのでしょう。

私たちは、これ以上、悪しき種を蒔かず、誰もがしあわせになれる種を自分から循環していくという認識を持つと良いように思います。誰もが人生でしあわせになりたい。であれば、まず我先に自分が……と考えるだけではなく、法則が理解できれば、まず人をしあわせにしてみよう。そう思い、行動した分、自分が得たいしあわせが廻ってくるという法則を実践してみると良いのではないでしょうか。

私は、長いこと、多くの人々が今回生まれる前に自ら書いてきた、運命プログラムを読ませていただいています。

常に思うのは、今回の魂の目的として書いてきているのは、魂の罪状（カルマ）昇華、それを転じて、伸ばしどころとして持っている才能に気づき、磨き、魂をレベルアップして還りたいという意図が誰の根底にもあるということです。

それは、夜の時代の魂を持つ、夜の人種の人であろうと、昼の時代の魂を持つ昼の人種の人であろうと同じことなのです。


人は日常の表面的な感情だけのやり取りであれば、簡単にその人をジャッジしたり、批判しがちです。しかし、一人ひとりの魂の意図や思いを汲める、俯瞰した高い視点を持つと、各々の魂が望む人生を生き、今回の過渡期を選んだ人生が、素晴らしく誇らしいものだったと思えるよう願い、応援したいと思わざるを得なくなるのです。

魂の意図をどのように見立て運命をレベルアップするのかという「NE運命解析学」のさらなる詳細は、また別の機会に譲ることにしますが、今後多くの人々が、これまでの夜の価値観や自我の視点ではなく、昼の時代の価値観と魂の視点からものごとを認識していけるようになることを願っています。

さしあたって、これから当分、これまでの人類の澱みの浄化・昇華・清算のための、混乱や事象は続くかとは思われます。しかし宇宙の視点から見れば「すべて善きこと」。そう認識しつつ、１８０度異なる方向性を持つ、文明と文明の狭間を生きる私たち人類が、少しでもソフトランディングで、ユートピアとなる昼の時代の文明の扉を開けられるよう、深く祈りながら、筆を置こうと思います。

最後に、この本をお読みいただいた皆さま、本当にありがとうございました。さらに、出版に携わり、ご協力していただいた、すべての皆さまに心より感謝申し上げます。

そして、全存在、すべての魂の進化・成長と、目覚め、癒し、安らぎ、永遠の幸せを、心よりお祈り申し上げます。

天河りえ

参考文献

『ショック・ドクトリン 惨事便乗型資本主義の正体を暴く〈上・下〉』ナオミ・クライン著、幾島幸子・村上由見子訳（岩波書店）
『シンギュラリティは近い』レイ・カーツワイル著、NHK出版編（NHK出版）
『大転換期の後　皇の時代』小山内洋子著（コスモトゥーワン）

著者プロフィール

天河りえ（あめかわりえ）

フューチャリスト
一般社団法人 Master of Life 協会代表理事
NE運命解析学創始者 未来塾主宰

治療師の国家資格取得後、高校野球、実業団などスポーツチームのメンタル&ボディトレーナーとして携わる。その後、さまざまなセラピーやスキル、運命学、ボディーワークを習得、2万人以上のカウンセリング、ヒーリング、コーチング、鑑定を行う。2003年に、新たな時代の潮流を読み解く、深淵な宇宙法則を研究したマスターと理論に出逢い、驚きと共に深く感銘、今までやってきたことを、2007年に一旦すべて手放して、研究主体の生活を始める。

社会の枠組みから出た視点で、時代と世の中で起こっているさまざまな変化を観察して過ごす。その中で得た、老子の言う生き方の神髄、世の中の仕組みの裏側、釈迦の時代から変わらない人間を苦しめる思考の構造、これからの時代の生き方など、さまざまな深い本質を自らの実体験で理解する。

2014年、『Master of Life』協会を設立。180度シフトしていく新たな時代に人々がしあわせになるための理論を「宇宙人生理論」と定義し、その考え方をベースに、自分の運命プログラムを知り、運命がレベルアップするための「NE運命解析学®」を構築。2016年より本格的にNE運命解析士養成講座をスタート。

その他、フューチャリストとして、新たな未来社会の方向性、これからの生き方を提案する、未来塾や各種ワークショップ、体験型のイベントも行う。

著書に『地球大転換時代の生き方とNE運命解析学』（文芸社）がある。

一般社団法人マスターオブライフ協会HP
https://ne-masteroflife.com/
天河りえ　新たな時代の生き方ブログ
https://amekawarie.com/
YouTube　天河りえ『新たな時代の生き方チャンネル』
https://bit.ly/2xpSvgM

人類覚醒のタイムリミット

「昼の時代」への過渡期を
生きぬく選択

●

2021年7月21日　初版発行
2022年2月4日　第2刷発行

著者／天河りえ

装幀／福田和雄（FUKUDA DESIGN）
編集／澤田美希
DTP／鈴木 学

発行者／今井博揮
発行所／株式会社 ナチュラルスピリット
〒101-0051 東京都千代田区神田神保町3-2 高橋ビル2階
TEL 03-6450-5938　FAX 03-6450-5978
info@naturalspirit.co.jp
https://www.naturalspirit.co.jp/

印刷所／シナノ印刷株式会社

ISBN978-4-86451-367-8 C0095
落丁・乱丁の場合はお取り替えいたします。
定価はカバーに表示してあります。